DA RELEVÂNCIA DA CULPA
NOS EFEITOS PATRIMONIAIS
DO DIVÓRCIO

EVA DIAS COSTA
MESTRE EM DIREITO
ADVOGADA

DA RELEVÂNCIA DA CULPA
NOS EFEITOS PATRIMONIAIS
DO DIVÓRCIO

ALMEDINA

TÍTULO:	DA RELEVÂNCIA DA CULPA NOS EFEITOS PATRIMONIAIS DO DIVÓRCIO
AUTORA:	EVA DIAS COSTA
EDITOR:	LIVRARIA ALMEDINA - COIMBRA www.almedina.net
DISTRIBUIDORES:	LIVRARIA ALMEDINA ARCO DE ALMEDINA, 15 TELEF. 239 851900 FAX 239 851901 www.almedina.net 3004-509 COIMBRA - PORTUGAL LIVRARIA ALMEDINA - PORTO RUA DE CEUTA, 79 TELEF. 22 2059773 FAX 22 2039497 4050-191 PORTO - PORTUGAL EDIÇÕES GLOBO, LDA. RUA S. FILIPE NERY, 37-A (AO RATO) TELEF. 21 3857619 FAX 21 3844661 1250-225 LISBOA - PORTUGAL LIVRARIA ALMEDINA ATRIUM SALDANHA LOJA 31 PRAÇA DUQUE DE SALDANHA, 1 TELEF. 21 3712690 atrium@almedina.net 1050-094 LISBOA LIVRARIA ALMEDINA/BRAGA CAMPUS DE GUALTAR UNIVERSIDADE DO MINHO TELEF. 253 678822 braga@almedina.net 4700-320 BRAGA
EXECUÇÃO GRÁFICA:	CLÁUDIA MAIROS Email: claudia_mairos@yahoo.com
IMPRESSÃO	G.C. - GRAFICA DE COIMBRA, LDA. PALHEIRA - ASSAFRAGE 3001-453 COIMBRA Email: producao@graficadecoimbra.pt
DATA	JANEIRO, 2005
DEPÓSITO LEGAL:	220365/04

Toda a reprodução desta obra, por fotocópia ou outro qualquer processo, sem prévia autorização escrita do Editor, é ilícita e passível de procedimento judicial contra o infractor.

À memória do meu pai.

"O trabalho ora publicado corresponde à dissertação de Mestrado em Ciências Jurídico-Civilísticas (vertente de Direito da Família), elaborada sob orientação do Prof Doutor Heinrich Ewald Horster, apresentada na Faculdade de Direito do Porto da Universidade Católica Portuguesa em Março de 2003. As provas públicas de defesa tiverem lugar a 29 de Junho de 2004, naquela Faculdade, frente a um júri constituído pelo Prof Doutor José Carlos Pamplona Corte-Real, da Faculdade de Direito da Universidade de Lisboa, na qualidade de arguente, pela Prof Doutora Maria Rita da Gama Aranha Lobo Xavier, em representação da Universidade Católica, e presidido pelo Prof Doutor Heinrich Ewald Horster."

AGRADECIMENTOS

Ao Prof. Doutor Heinrich Ewald Hörster, com quem aprendi tudo o que sei sobre o Direito da Família e a Teoria Geral do Direito Civil - e mais não aprendi apenas porque não fui capaz -, por ter gentilmente aceite a orientação deste trabalho e pelos preciosos conselhos e correcções.

Ao meu irmão, Miguel, pela constante ajuda, pelo incentivo, por tantas horas de trabalho desinteressado e por muito mais do que aqui caberia.

Ao meu filho, Manuel - que desde o nascimento competiu com esta dissertação pelas atenções da mãe -, por todo o tempo que deveria ter sido dele.

Ao Zé, pelo amparo e por ter estado sempre disponível.

Esta dissertação foi escrita utilizando exclusivamente software livre, nomeadamente, o sistema *Linux* e as aplicações *LyX*, *Pybliographic* e o sistema de referências para ciências jurídicas *Jurabib*. A secção não ficaria, pois, completa sem o devido reconhecimento à comunidade que mundialmente desenvolve o *Linux* e as respectivas aplicações nem, tão pouco, sem um agradecimento especial a um membro português dessa comunidade, o Dr. José Abílio Matos, e mais uma vez ao Miguel, ambos investigadores doutorandos junto do Departamento de Física da Faculdade de Ciências da Universidade do Porto.

A tradução e adaptação para português do sistema *Jurabib* que fomos realizando ao longo da formatação deste trabalho foi submetida na rede para ser incorporada na próxima versão do software, disponível para download em http://jurabib.org.

ÍNDICE DE ABREVIATURAS

– BGB: Bürgerliches Gesetzbuch
– BMJ: Boletim do Ministério da Justiça
– CC: Código Civil
– CJ: Colectânea de Jurisprudência
– CP: Código Penal
– CPC: Código de Processo Civil
– CRC: Código do Registo Civil
– CRP: Constituição da República Portuguesa
– OTM: Organização Tutelar de Menores
– RAU: Regime do Arrendamento Urbano
– STJ: Supremo Tribunal de Justiça

CONTEÚDO

1 Introdução - A "questão do divórcio" 15

2 As concepções tradicionais acerca do divórcio 31
   2.1 O sistema sancionatório 32
   2.2 O sistema do divórcio-remédio 33
   2.3 O sistema do divórcio constatação de ruptura 35

3 Evolução das concepções tradicionais 37
   3.1 A tendência moderna 37
   3.2 A nova sociologia da família 40
   3.3 Os mecanismos psicológicos da culpa 45

4 Breve análise de direito comparado 49
   4.1 As legislações europeias continentais 50
      4.1.1 Espanha 50
      4.1.2 Alemanha 58
      4.1.3 França 61
      4.1.4 Itália 69
      4.1.5 Escandinávia 71
   4.2 O(s) divórcio(s) na *common law* 72
      4.2.1 Reino Unido 75
      4.2.2 República da Irlanda 79

5 O divórcio em Portugal: evolução. 83

6 O sistema na actualidade 93

6.1 O divórcio por mútuo consentimento 94
6.2 O divórcio litigioso 97
6.3 Os efeitos do divórcio 106
    6.3.1 Determinação da culpa 107
    6.3.2 Relevância patrimonial da culpa 109
        6.3.2.1 Partilha dos bens comuns 110
        6.3.2.2 Perda de benefícios 111
        6.3.2.3 Obrigação de indemnização 113
        6.3.2.4 Obrigação de alimentos 120
        6.3.2.5 Casa de morada da família 126

7 Crítica. Relevância da culpa:
   anacronismo ou exigência de justiça? 131

8 Considerações finais 143

   Bibliografia 147

"O indivíduo contemporâneo corre atrás da felicidade[1]. Só raramente a apanha por muito tempo. Porque se a finalidade da corrida é muito claramente fixada - realizar-se a si próprio -, em contrapartida, a natureza exacta do exercício continua a ser difusa. É uma corrida solitária para que o indivíduo aprenda, ao longo do seu caminho, estando só, a ser ele próprio? É uma corrida em equipa que permite a cada um dar o melhor de si próprio através de uma saudável emulação? O corredor contemporâneo não sabe. Por isso, oscila: quando está em equipa, em casal, sonha poder escapar-se a fim de reencontrar a sua independência. Tem medo, ao ficar com o seu parceiro, de se perder a si próprio na comédia dos papéis que o fazem desempenhar. Quando está só, sente-se livre - valor absoluto - mas receia não conseguir, nessas condições, estar no melhor da sua forma.

Esta oscilação é visível no crescimento das fases de vida em conjunto e de vida só. A separação e o divórcio são um dos meios à nossa disposição para fazer andar o ponteiro no outro sentido, para acreditarmos que somos capazes de passar sem o outro, que o si só pertence a si.

---

[1] Cfr. a Declaração de Independência dos Treze Estados Unidos da América, proferida pelo Congresso Americano a 4 de Julho de 1776: *"We hold these truths to be self-evident, that all men are created equal, that they are endowed by their Creator with certain unalienable rights, that among these are Life, Liberty and **the pursuit of Happiness**."*/ (Acreditamos que estas verdades são evidentes: que todos os homens foram criados iguais e que lhes foram dados pelo Criador determinados direitos inalienáveis, nomeadamente, os direitos à Vida, à Liberdade e **à busca da Felicidade**.). Nosso enfatizado.

Cfr., ainda, o artigo 67º, número 1, da CRP.

[...] o paradoxo do individualismo contemporâneo leva os adultos a sonharem com uma vida que cumula, ao mesmo tempo - e não sucessivamente -, momentos de solidão e momentos de comunidade, de uma vida que autoriza a estarem juntos e a permitir que cada um esteja só, se quiser. Por meio de ensaios e erros, tentam levar uma vida dupla: não no sentido de duas vidas conjugais, mas no sentido de uma vida conjugal associada a uma vida pessoal."[2]

---

[2] DE SINGLY, FRANÇOIS, *Livres Juntos*. Publicação D. Quixote, 2000, pp. 11, 12.

1. INTRODUÇÃO - A "QUESTÃO DO DIVÓRCIO"

Dizia, em 1965, PEREIRA COELHO[1] que "A "questão do divórcio"- a questão de saber se deve admitir-se o divórcio - é uma das mais melindrosas do direito matrimonial [...].".
JULIEN PAYNE colocou o problema da seguinte forma:

"Quando confrontado com o pedido dos padres para que lhes fosse permitido casar, o Cardeal respondeu: dê-se-lhes o casamento e a próxima coisa que eles exigirão será o divórcio!"[2].

Ou como comentavam JOHN CLEESE e o psiquiatra - e amigo -, ROBIN SKYNNER:

"John: Comecemos por uma questão muito simples. Porque é que duas pessoas decidem casar-se?
Robin: Porque estão apaixonadas.
John: Deixa-te disso.
Robin: Não, estou a falar a sério.
John: Bem, talvez, mas esta coisa de nos apaixonarmos é um pouco bizarra. Deparamos com pessoas perfeitamente normais e

---

[1] COELHO, FRANCISCO MANUEL PEREIRA, *Curso de Direito da Família, Tomo 1 - Direito Matrimonial*. Coimbra: Atlântica Editora, 1965, p. 436.
[2] PAYNE, JULIEN D., *Commentaries on the divorce act 1985*. Ontario: DE BOO, 1986, pp. 563 e ss.

racionais, tais como programadores de computadores e inspectores de finanças, que, subitamente, no meio da sua rotina, vêem alguém no outro extremo duma sala cheia de gente e pensam: "Ah! Aquela pessoa foi feita para mim, por isso acho que a melhor coisa que tenho a fazer é passar o resto da minha vida com ela." Isto é o destino!

Robin: Talvez preferisses que fosse como há trezentos anos atrás, quando os pais arranjavam todos os casamentos, tendo em conta razões sensatas tais como as terras, o dinheiro ou promoção social. Todos eles encaravam o "apaixonar-se" como a pior base possível para o casamento - uma receita para o desastre.

John: Sim, Samuel Johnson disse que todos os casamentos deveriam ser arranjados pelo Ministro da Justiça sem interferência dos desejos de ambas as partes envolvidas.

Robin: Mas, portanto, o que eu quero frisar é que hoje em dia nós somos livres de casar com a pessoa que amamos, ou seja, com aquela que nos pode fazer realmente felizes.

John: E claro que temos o maior índice de divórcio da história."[3].

É que desde que existe o casamento que há necessidade para o divórcio, muito embora não seja claro que a vitória que se avizinha daqueles que insistem que o divórcio deve ser concedido a simples requerimento vá, necessariamente, contribuir para a felicidade geral.

Hoje em dia, a necessidade do divórcio é maior do que nunca. As expectativas de vida mais longas, a facilidade dos métodos anticoncepcionais, as melhorias na saúde pré-natal e nos cuidados de saúde em geral aumentaram drasticamente o tempo que os cônjuges podem esperar passar juntos, unidos pelos laços do matrimónio.

Ao mesmo tempo, condições económicas sem precedentes e o aumento de oportunidades para a emancipação económica da mulher tornaram possível a redução dos casamentos que se mantêm apenas por

---

[3] SKYNNER, ROBIN/CLEESE, JOHN, *Famílias e Como [Sobre] Viver com Elas*. 3.ª edição. Edições Afrontamento, 1983, pp. 16 e ss.

razões económicas. Finalmente, como causa ou como consequência - ou um pouco de ambas - a nossa forma de ver as coisas alterou-se. O casamento duradouro já não é visto como uma virtude *per se* e o divórcio tornou-se numa realidade socialmente aceitável e mesmo, nalguns círculos, na moda[4].

A "questão do divórcio" é, para LEITE DE CAMPOS, a de saber "qual é a solução melhor (menos má) no caso de crise grave do casamento"[5]. É que, como diz o Autor,

> "[...] não está em causa a dissolução de um (qualquer) contrato. Este contrato é o casamento", com importância fulcral "ao nível das funções de base da sociedade. [...] No divórcio, através do casamento, é toda uma concepção de sociedade que está em causa. A favor do divórcio apontam-se o direito à felicidade de cada um e a liberdade humana. Como o casamento, diz-se, visa a felicidade de cada um dos cônjuges, a sua extinção é consequência normal da impossibilidade de atingir essa felicidade. Depois, e dado que os cônjuges são adultos livres e responsáveis, dependerá deles, e não da lei, determinar se querem contrair matrimónio e quando o querem extinguir. Contra isto, dir-se-á que o casamento envolve também uma elevada dose de responsabilidade, para com o próprio, o outro, os filhos e a sociedade. Pelo que o divórcio, a admitir-se, deve conter os ingredientes necessários para obrigar os cônjuges a reflectir e a assumir as suas responsabilidades. O casamento tem muito de "solidariedade" que não se pode denunciar de ânimo leve. É uma ligação para as boas e as más horas."[6]

A questão do divórcio é, pois, inseparável da questão do casamento ou, se quisermos, a forma como encaramos o divórcio depende directamente da concepção que adoptamos acerca do casamento.

---

[4] PAYNE.

[5] CAMPOS, DIOGO LEITE DE, *Lições de Direito da Família e da Sucessões*, 2.ª edição. Coimbra: Almedina, 2001, p.267.

[6] CAMPOS, *Lições...* pp. 267-268.

O casamento⁷, tal como hoje o concebemos, é o produto de séculos de Cristianismo. Tem por base a ideia de sacramento, que se traduz na comunhão perfeita e vitalícia dos cônjuges destinada ultimamente à procriação e à educação dos filhos na Fé de Cristo.

Marido e mulher devem fortalecer-se reciprocamente na Fé e tornar--se um só na carne e no espírito. Na moral cristã⁸, apenas o celibato religioso se sobrepõe, em valor, ao sacramento do matrimónio, que, consumado, só se concebe dissolúvel pela morte⁹ ¹⁰.

---

⁷ Sobre a origem etimológica de casamento e matrimónio, ver SANTOS, EDUARDO DOS, *Direito da Família*. Coimbra: Almedina, 1999, pp. 125 e ss.

⁸ Mais correcto será dizer-se, na moral Católica Apostólica Romana, tendo em conta que, em resultado das cisões que foi sofrendo a Igreja de Cristo, nem todas as denominações cristãs partilham hoje deste entendimento, mormente quanto ao celibato religioso. Mas pensamos ainda poder afirmar que todas encaram o matrimónio como instituição de carácter sacramental.

⁹ A evolução destas ideias aparece delineada com particular interesse por CAMPOS, DIOGO LEITE DE, *A Intervenção do Direito Matrimonial, Tomo 1 - A Institucionalização do Casamento*, 1995, pp. 79-133, onde o Autor esboça o trabalho do jurista na reivindicação da jurisdição exclusiva e necessária da Igreja em matéria matrimonial, o trabalho do moralista no desenho dos fins do casamento e o trabalho do teólogo, na classificação do matrimónio como sacramento.

¹⁰ Esta ideia é, no entanto, tão actual hoje como o era nos dias do concílio de Trento. Veja-se parte do discurso proferido por Sua Santidade, o Papa João Paulo II, no início do ano judicial do Tribunal da Rota Romana, a 08/01/2002:

"[...] 2. As características essenciais do matrimónio, a unidade e a indissolubilidade (cfr.. CIC, cân. 1056; CCEO, cân. 776 3), oferecem a oportunidade para uma reflexão proveitosa sobre o próprio matrimónio. Por isso hoje (...), desejo considerar a indissolubilidade como bem para os cônjuges, para os filhos, para a Igreja e para a humanidade inteira.

É importante a apresentação positiva da união indissolúvel, para redescobrir o seu bem e a sua beleza. Antes de mais, é necessário superar a visão da indissolubilidade como um limite à liberdade dos contraentes, e por isso, como um peso, que por vezes se pode tornar insuportável. A indissolubilidade, nesta concepção, é vista como lei extrínseca ao matrimónio, como "imposição" de uma norma contra as "legítimas" expectativas de uma ulterior realização da pessoa. A isto acrescenta-se a ideia bastante difundida, segundo a qual o matrimónio indissolúvel seria característico dos crentes, e por conseguinte não podem pretender "impô-lo" à sociedade civil no seu conjunto.

Todavia, como defende LEITE DE CAMPOS[11], a ideia de "matrimónio cristão" como vínculo indissolúvel não existia na tradição

---

3. (...) Segundo o ensinamento de Jesus, foi Deus quem uniu com o vínculo conjugal o homem e a mulher.
Certamente esta união realiza-se através do livre consentimento de ambos, mas esse consentimento humano consiste num desígnio que é divino. (...).
4. Com este desígnio divino natural conformaram-se numerosos homens e mulheres de todos os tempos e lugares, mesmo antes da vinda do Salvador, e com ele se conformaram muitos outros, mesmo sem o conhecerem. A sua liberdade abre-se ao dom de Deus, quer no momento do matrimónio quer durante todo o tempo da vida conjugal. (..) Considerar a indissolubilidade não como uma norma jurídica natural, mas como um simples ideal, esvazia o sentido da inequívoca declaração de Jesus Cristo, que recusou absolutamente o divórcio porque "no início não era assim" (Mt 19, 8).
O matrimónio "é" indissolúvel: esta prioridade exprime uma dimensão do seu próprio ser objectivo, não é um mero facto subjectivo. Por conseguinte, o bem da indissolubilidade é o bem do próprio matrimónio; e a incompreensão da índole indissolúvel constitui a incompreensão do matrimónio na sua essência. Disto deriva que o "peso" da indissolubilidade e os limites que ela comporta para a liberdade humana mais não são do que o reverso, por assim dizer, da medalha em relação ao bem e às potencialidades inerentes à instituição matrimonial como tal. Nesta perspectiva, não tem sentido falar de imposição por parte da lei humana, porque ela deve reflectir e tutelar a lei natural e divina, que é sempre verdade libertadora.
5. Esta verdade acerca da indissolubilidade do matrimónio, como toda a mensagem cristã, destina-se aos homens e às mulheres de todos as épocas e lugares. (...) Não nos podemos deixar vencer pela mentalidade divorcista: impede-o a confiança nos dons naturais e sobrenaturais de Deus ao homem. A actividade pastoral deve apoiar e promover a indissolubilidade. Os aspectos doutrinais devem ser transmitidos, esclarecidos e defendidos, mas são ainda mais importantes as acções coerentes. Quando um casal atravessa dificuldades, a compreensão dos Pastores e dos outros fiéis deve ser acompanhada da clareza e da fortaleza ao recordar que o amor conjugal é o caminho para resolver positivamente a crise. Precisamente porque Deus os uniu mediante um vínculo indissolúvel, marido e esposa, usando todos os seus recursos humanos com boa vontade, mas sobretudo confiando na ajuda da graça divina, podem e devem sair dos momentos de perturbação renovados e fortalecidos. (cfr. Jo 8, 32)."
Em http://www.vatican.va, ac. 20/11/2002.
[11] CAMPOS, *A Invenção* ..., p.8.

judaico-cristã[12] - teve de ser "inventada" ao longo dos primeiros séculos da Igreja de Cristo, com base no simbolismo da união de Jesus com a Igreja.

A ética cristã teve de contender no seu percurso com a regra firmemente instituída nos povos romanos da plena liberdade de dissolver o vínculo matrimonial.

O casamento no direito romano clássico não nascia de quaisquer declarações de vontade negociais - era "um estado assente num consenso"[13], isto é, uma situação jurídica fundada na convivência conjugal[14] e na *affectio maritalis*[15].

---

[12] Veja-se, aliás, o que ensina VARELA, JOÃO DE MATOS ANTUNES, *Direito da Família*. Volume 1, 5.ª edição. Lisboa: Livraria Petrony, Lda, Fevereiro 1999 pp. 475-475:

"A ideia de *denúncia* da relação matrimonial, por factos supervenientes à celebração do casamento, não constitui uma inovação da legislação contemporânea. Trata-se, pelo contrário, de um instituto com raízes profundas na vida primitiva dos povos antigos, antes do movimento de profunda espiritualidade lançado pelo cristianismo.

Já no Antigo Testamento se reconhecia a legitimidade do repúdio, no caso extremo de infidelidade da mulher (*Deuter.*, 24).

O velho direito germânico também admitia a dissolução do casamento, em vida dos cônjuges, por diversas formas. [...]

O direito romano (...) também usou e abusou do divórcio, como meio de extinção do casamento. [...]

Foi deliberadamente com o ânimo de combater os graves *abusos* a que o divórcio conduzira, numa sociedade em franca decadência moral, que o cristianismo reabilitou o casamento, considerando-o instituição de raiz sobrenatural e conferindo-lhe, além do atributo da *unidade* (já reconhecido pelo direito romano, que condenava a *poligamia*), a propriedade essencial da *perpetuidade*."

[13] A expressão é de CAMPOS, *A Invenção...*, p. 4.

[14] Convivência conjugal que existia mesmo que os cônjuges não habitassem na mesma casa e desde que - e enquanto - guardassem entre eles a consideração e o respeito devidos (*honor matrimonii*).

[15] IGLESIAS, Juan, Derecho romano, 14.ª edição. Barcelona: Ariel Derecho, Julho 2002, p. 339.

O matrimónio era, assim, uma sociedade conjugal em existência e caracterizada por três elementos fundamentais: capacidade natural, capacidade matrimonial, aferida pelo estatuto jurídico dos esposos (*conubium*) e, por último, a vontade actual e continuada, passível de prova por qualquer meio (*consensus* ou *affectio maritalis*)[16][17]. Daí que o vínculo conjugal desaparecesse, muito simplesmente, quando faltava o *conubium* ou cessava o consenso de um dos cônjuges[18].

No entanto, o casamento não era visto como um estado temporário[19] - era, pelo contrário, uma situação tendencialmente perpétua e idealizada como tal, com alto valor social reconhecido, mesmo no próprio ambiente pagão -, mas uma relação cuja continuidade estava imediata e permanentemente na disposição da vontade dos participantes[20].

Quando cessava a intenção de ser marido e mulher, cessava o casamento e, não sendo o casamento um acto jurídico, tão pouco o era o divórcio[21].

O casamento dissolvia-se, então, por simples perda de *affectio maritalis* entre o esposos e, à semelhança do casamento, não estava sujeito a qualquer formalidade especial. Era suficiente um aviso, por escrito (*per litteras*) ou por intermédio de mensageiro (*per nuntium*).

---

[16] Como é também designada em VARELA, *Direito da Família*, p. 475.

[17] A que acrescia, em determinados casos, a necessidade de consentimento do chefe da família (*pater familias*).

[18] Daí os aforismos: *nuptias non concubitus, sed consensus facit* (não é a convivência, mas o consenso que faz o casamento) e *non coitus matrimonium facit, sed maritalis affectio* (não é a união carnal, mas a afeição matrimonial que faz o casamento).

[19] Este facto está bem patente nas duas definições de casamento para o direito romano que se conhecem hoje: *nuptiae sunt coiunctio maris et feminae et consortium omnis vitae, divini et humani iuris communicatio* (o casamento é uma união de homem e mulher em consórcio para toda a vida e em comunicação de direito divino e humano) e *matrimonium est viri et mulieris coiunctio, individuam consuetudinem vitae continens* (o casamento é a união de homem e mulher com a intenção de formar uma comunidade de vida indissolúvel). IGLESIAS, p. 340.

[20] CAMPOS, *A Invenção...*, páginas 5, 6.

[21] IGLESIAS, p. 340.

O divórcio não foi, todavia, durante muito tempo, um acontecimento comum na sociedade romana[22].

É apenas com o imperador Constantino que o casamento começa a delinear-se como um negócio jurídico bilateral, baseado numa manifestação de vontade recíproca geradora do vínculo matrimonial, vínculo que persiste mesmo quando cessa o consenso. Transformou-se, assim, o conceito de *consensus* - de vontade continuada - no conceito de encontro das declarações de vontade na fase genético do vínculo, ideia que perdura na concepção moderna do casamento como contrato[23]. E é também com o início da era cristã que se inicia uma forte reacção contra a livre faculdade de dissolver o matrimónio.

Esta contenda reflectiu-se, ao longo dos séculos, na legislação. É da tentativa de conciliação entre as duas ideias-base que nasce, nas legislações civis, com os imperadores Constantino e Justiniano, e é, mais tarde, adoptada pelas doutrinas Protestantes, a concepção do divórcio como castigo para o comportamento culposo de um dos cônjuges[24].

Constantino, em matéria de divórcio unilateral, determinou que a mulher, para se divorciar do homem, deveria provar que este a tentara envenenar (*homicida medicamentarius*) ou era um ladrão, profanador de túmulos (*sepulchrorum dissolutor*), devendo o marido demonstrar que a mulher era adúltera, envenenadora ou alcoviteira (*moecha, medicamentaria, conciliatrix*)[25].

Já no regime justiniano encontramos quatro tipos de divórcio: o divórcio por comportamento culposo - definido na lei - de uma das partes (*divortium ex iusta causa*)[26]; o divórcio *sine causa*, que se produzia por

---

[22] IGLESIAS, p. 345 e ss.
[23] CAMPOS, *A Invenção*..., pp. 10 e ss.
[24] PAYNE, pp. 363 e ss.
[25] CAMPOS, *A Invenção*..., p. 8, nota 9.
[26] Constituíam justa causa a maquinação ou conjura contra o imperador ou a respectiva ocultação, o adultério declarado ou hábitos imorais da mulher, o abandono da casa do marido, injúrias ao outro cônjuge, a falsa acusação de adultério por parte do marido, o lenocínio tentado pelo marido, a associação assídua do marido com outra mulher, dentro ou fora da casa conjugal.

acto unilateral não justificado por lei; o divórcio de comum acordo (*divortium communi consensu*); e o divórcio *bona gratia*, fundado em causa objectiva, como impotência incurável, voto de castidade ou cativeiro de guerra.

No caso de divórcio *ex iusta causa*, o cônjuge culpado era castigado com a perda do dote ou da doação nupcial ou, no caso de não existir nenhum destes, com a perda da quarta parte dos bens, e era, em acréscimo, forçado a retirar-se para um convento. Iguais penas se aplicavam aos que se divorciavam sem justa causa ou por mútuo acordo[27].

Por intermédio do direito canónico, o pensamento jurídico-romano foi introduzido e transformou significativamente os ordenamentos jurídicos europeus. O direito romano, a partir do século XII, mas fundamentalmente nos séculos XV e XVI, foi recebido directamente como direito vigente ou indirectamente, por adaptação, em diversos países da Europa, como a França e a Alemanha - e Portugal, com as ordenações Afonsinas, que remetiam subsidiariamente para o direito romano e para o direito canónico -, tornando-se progressivamente na fonte de direito privado de todos os ordenamentos continentais[28].

As jurisdições civil e eclesiástica sempre travaram, todavia, uma luta pela exclusividade na regulamentação do casamento, tendo esta última, com os concílios de Reims e de Tours, em 1060, obtido uma vitória que perdurou até à idade moderna[29], muito embora só no concílio de Trento se tenha definido um verdadeiro corpo de normas jurídicas regulamentadoras do casamento[30].

É assim o concílio de Trento que consagra em absoluto a indissolubilidade do vínculo matrimonial, numa reacção de crítica à Reforma protestante, que - talvez por fidelidade à tradição do Velho Testamento - admitira o divórcio fundado em adultério.

---

[27] IGLESIAS, pp. 346 e ss.
[28] HÖRSTER, HEINRICH EWALD, *A Parte Geral do Código Civil Português*. Almedina, 2002, pp. 120 e ss.
[29] CAMPOS, *A Invenção...*, pp. 79 e ss..
[30] CAMPOS, *A Invenção...*, pp. 135 e ss..

A regra da indissolubilidade não excluia, no entanto, a possibilidade de divórcio de leito e mesa (*divortium quoad torum et mensam*), equivalente a uma separação de facto, nem, bem assim, uma aplicação alargada da teoria das nulidades do casamento[31].

Para GUILHERME DE OLIVEIRA[32][33], a reintrodução do divórcio, que é hoje "património comum" de todos[34] os sistemas europeus, tanto de raiz protestante como católica, foi fruto da Reforma Protestante e da concepção contratualistica do casamento.

Esta concepção não deixou, contudo, de evoluir e modernamente permite-se - particularmente na América do Norte - que o conteúdo deste contrato, originariamente indisponível[35], seja agora deixado à auto-regulação das partes[36][37][38].

---

[31] CARBONNIER, JEAN, *Droit civil, tome 2: La Famille, l'enfant, le couple*, 21.ª edição. Presses Universitaires de France, 30 Abril 2002, Thémis Droite Privé, p. 529.

[32] OLIVEIRA, GUILHERME DE, *Temas de Direito da Família*, 2.ª edição. Coimbra Editora, 2001, Um direito da família europeu?, pp. 319 e ss..

[33] E também para VARELA, *Direito da Família*, p. 475 ss..

[34] Com excepção de Malta. Ver infra 4, 49.

[35] Veja-se COELHO, *Curso...*, 1965, pp. 12 e ss., que caracteriza o direito da família como um ramo no qual é acentuado o predomínio de normas imperativas, inderrogáveis pela vontade dos particulares. "São imperativas as normas que regulam os requisitos do casamento, as que definem os direitos e deveres pessoais dos cônjuges, as que enunciam os fundamentos do divórcio e da separação de pessoas e bens (...). Pode dizer-se, *grosso modo*, que apenas as relações familiares patrimoniais são regidas por normas de carácter dispositivo, sendo de salientar, todavia, que ainda aqui deparamos, e não raramente, com normas imperativas (...)." Esta afirmação ainda é, nos tempos que correm, perfeitamente correcta. O Autor chama ainda a atenção para o facto de isto derivar em larga medida de ser o direito da família um direito institucional, no sentido em que o legislador, em muitos casos, se limita a reconhecer esse "direito" que vive e constantemente se realiza na instituição familiar.". É, ainda assim, e talvez por causa disso mesmo, um "ramo do direito muito permeável às modificações das estruturas políticas, sociais, económicas, etc.".

[36] Tradicionalmente, o casamento constituia um contrato de adesão, inegociável, na medida em que nenhuma disponibilidade era deixada aos cônjuges de regularem o conteúdo da relação matrimonial. Mas já não é assim. Nos Estados Unidos, poucas disposições imperativas foram deixadas intactas pelos actos estatutários, como o Acto Uniforme sobre Convenções Antenupciais (UPAA), bem como pela *case law*. Assim, à luz desta ampla liberdade de regulação do conteúdo dos efeitos do casamento por acordo das

O nosso ordenamento foi, nesta matéria, profundamente afectado pelas vicissitudes da evolução atrás descrita.

O casamento é, nos termos do que dispõe o artigo 1577º do Código Civil Português, "(...) o contrato celebrado entre duas pessoas de sexo diferente que pretendem constituir família mediante uma plena comunhão de vida (...)", adoptando uma visão contratualista do casamento que não é, no entanto, vista a questão à luz da unidade da ordem jurídica, uma concepção contratualista pura.

O Código Civil anterior à Reforma de 1966 reflectia, nas palavras de PEREIRA COELHO[39], amplamente um modelo tradicional de casamento, consubstanciado na concepção do casamento como "instituição portadora de interesses próprios, que transcende os cônjuges e a que estes devem sacrificar, por isso, os seus interesses pessoais e as suas aspirações afectivas", "objecto de extensa e minuciosa regulamentação legal no que concerne aos seus requisitos de fundo e de forma", com ""papéis" conjugais rígidos e predeterminados", condenada a manter-se mesmo contra a vontade de um ou mesmo de ambos os cônjuges, por contraposição ao modelo moderno, que "desvaloriza o lado institucional e faz do sentimento dos cônjuges, ou seja, da sua real ligação afectiva, o verdadeiro funda-

---

partes, o regime do casamento é hoje um regime supletivo. Acrescente-se que o facto de o divórcio ser largamente acessível e acarretar cada vez menores consequências legais e económicas mudou radicalmente a noção legal moderna de casamento. KRAUSE, HARRY D., Private and Public Ordering of Intimate Relationships. International Society of Family Law 11th World Conference, Copenhagen-Oslo, Agosto 2002 (URL: http://www.jus.uio.no,aced.09/09/2002)

[37] O movimento liberal encontra-se já em retrocesso, com o aparecimento de autores "pós-liberais" que defendem a redução da auto-regulamentação no direito da família e a recuperação dos conteúdos imperativos da relação matrimonial DEWAR, JOHN, Reducing Discretion in Family Law. International Society of Family Law, 10th World Conference, Brisbane, Julho 2000 (URL: http://www.qu.edu.au/centre/firu/home.htm, aced.10/09/2002).

[38] Veja-se, no entanto, entre nós, o que dispõe ainda entre nós o artigo 1618º do CC.

[39] COELHO, FRANCISCO MANUEL PEREIRA, Casamento e Família no Direito Português. Em Temas de Direito da Família, 1986, Ciclo de Conferencias do Conselho Distrital do Porto da Ordem dos Advogados, pp. 10 e ss..

mento do casamento." e norteado por uma "atitude de neutralidade (...) que tende a considerar as relações familiares como pertencentes ao foro privado das pessoas", caracterizado pela "plena fungibilidade dos papéis conjugais" e pela possibilidade de pôr fim ao vínculo conjugal por acordo ou até por acto unilateral.

Na Reforma de 1977, as concepções individualistas do casamento características do modelo moderno transpareceram em algumas das inovações legislativas introduzidas, nomeadamente com a consagração sem restrições do princípio da igualdade dos cônjuges, e, bem assim, nas alterações introduzidas à matéria divorcistica, com a admissibilidade do divórcio por mútuo consentimento e a consagração das hipóteses de ruptura da vida em comum contidas no artigo 1781º, sem que, no entanto, tenha sido posto em causa o modelo tradicional de casamento, porquanto se mantém em larga medida a indisponibilidade do conteúdo do contrato matrimonial[40].

O casamento, para o direito nacional, tendo por fim último "uma plena comunhão de vida entre os cônjuges" tem ainda uma grande carga latente do carácter sacramental, constituindo uma união tendencialmente perpétua e de conteúdo em larga medida indisponível, cuja disciplina legal é dotada de uma especificidade que em muito a afasta do regime típico dos contratos, e geradora de vínculos de grande relevância também para terceiros.

Daí que não se permita a dissolução do vínculo por simples declaração de vontade unilateral[41] ou bilateral, exigindo-se, mesmo nos divórcios chamados "por mútuo consentimento" a verificação judicial[42] dos pressupostos estabelecidos na lei e o controlo das decisões dos cônjuges vertidas nos acordos[43].

---

[40] COELHO, *Casamento e Família....*, p. 13.

[41] O que, de resto, não poderia acontecer, mesmo que fossem de aplicar as regras gerais, por força do disposto no artigo 406º, número 1, do CC.

[42] Ou administrativa, com a introdução do novo regime de competência exclusiva - excepto nos casos em que o processo resulte da conversão de acção litigiosa - das conservatórias do registo civil para os processos de divórcio por mútuo consentimento, pelo DL 272/2001, de 13 de Outubro.

[43] MATIAS, CARLOS, Da Culpa e da *Inexigibilidade da Vida em Comum no Divórcio. Em Temas de Direito da Família.* Almedina, 1986, Ciclo de Conferências so Conselho Distrital do Porto da Ordem dos Advogados, pp. 72 e ss.

Refira-se ainda que esta questão não é totalmente alheia à problemática das uniões de facto.

É que, como defendem SOFIA PAIS e ANTÓNIO FRADA DE SOUSA[44], "é ponto assente que este fenómeno pode cobrir uma série de realidades sociais extremamente diversas, dificultando o traço dos seus contornos jurídicos. [...]. Em todo o caso, característica essencial da união de facto parece ser a da sua livre dissolubilidade, ao contrário do casamento formal, pois, por mais simples que seja o divórcio, este é geralmente necessário para a sua dissolução. Aliás, como facilmente se intui, quanto maiores forem as dificuldades para a obtenção do divórcio, maior será a tendência para se recorrer às uniões de facto.[45 46].

---

[44] PAIS, SOFIA OLIVEIRA/SOUSA, ANTÓNIO FRADA DE, A União de Facto e as Uniões Registadas de Pessoas do Mesmo Sexo - Uma Análise de Direito Material e Conflitual. Revista da Ordem dos Advogados, 1999, Nr. Ano 59, pp. 695 e ss..

[45] Também, a este propósito, HÖRSTER, HEINRICH EWALD, Does Portugal Need to Legislate on De Facto Unions? International Journal of Law, Policy and the Family, 13 Dezembro 1999, Nr. 3, 274-279:

"De facto unions result from a variety of causes: (...); the impossibility of getting a divorce for those who, instead of a civil marriage, opted for a indissoluble Catholic marriage according to the Concordata (...); finantial difficulties (...); the avoidance of the legal character of marriage, which some consider to be burdensome, combined with a tendency to "privatize" family relationships, free from the interference of the State and the Church; (...); the rejection of marriage as a burgeois and old-fashioned institution with it's duties and restrictions limiting the individual's freedom (...).". (As uniões de facto resultam de uma variedade de causas: (...); a impossibilidade de obtenção do divórcio para aqueles que, ao invés de contraírem casamento civil, optaram por um casamento católico, indissolúvel nos termos da Concordata (...); dificuldades financeiras (...); o facto de quererem as partes evitar o carácter legal do casamento, que alguns consideram oneroso, combinado com uma tendência para a "privatização" das relações familiares, libertando-as da influência do Estado e da Igreja; (...); a rejeição do casamento como instituição burguesa e antiquada, com os seus deveres e restrições limitativos da liberdade individual (...).").

[46] Pese embora a recente tendência de legalização deste fenómeno. É que, como refere PEREIRA COELHO, a deslegalização do casamento - que parece ser uma característica daquilo que o Autor designa pelo modelo moderno da instituição, no sentido de que constitui matéria do foro privado, na qual o Estado deve intervir o menos possível - tem a

A verdade é que, como refere PEREIRA COELHO[47], "Trinta e seis anos decorridos[48], tem de reconhecer-se que, tanto nas leis como nas mentalidades, o quadro em que escrevêramos se mostra significativamente alterado. A admissão do divórcio, litigioso e por mútuo consentimento, é por assim dizer consensual e corresponde a uma prática generalizada[49]. Falar hoje na "questão do divórcio" ainda fará sentido? Diz-

---

contrapartida na cada vez maior legalização da união de facto, aproximando cada vez mais estas duas figuras. Mas, considerando que a norma contida na 2a parte do número 1 do artigo 36º da CRP constitui, mais do que a instituição de um direito fundamental, uma verdadeira garantia institucional do casamento, o Autor entende que é preciso estar alerta para uma eventual inconstitucionalidade, por violação desta garantia. Assim, *"A legislação que, no limite, suprimisse os impedimentos matrimoniais, deixasse de impor deveres pessoais aos cônjuges, permitisse que estes acordassem livremente sobre o conteúdo da relação conjugal e desse a qualquer deles o direito de romper a relação a todo o tempo, por uma simples comunicação ao outro, equiparando, assim, praticamente o casamento à união de facto"* violaria aquela disposição constitucional, como a violaria, bem assim, *"[...] a legislação que, no limite, impusesse aos membros da união de facto deveres idênticos aos que o artigo 1672º do Código Civil impõe aos cônjuges, [...] e condicionasse a ruptura da relação à verificação de fundamentos idênticos aos do divórcio, equiparando assim, praticamente, a união de facto ao casamento"*, pois que *"o direito de não casar"* das pessoas que vivem em união de facto constitui a *"dimensão ou vertente negativa do "direito de contrair casamento""* que aquela disposição constitucional reconhece. COELHO, FRANCISCO MANUEL PEREIRA, Casamento e Divórcio no Ensino de Manuel de Andrade e na Legislação Actual. Boletim da Faculdade de Direito, 77 2001, p. 23 e pp. 27-28.

[47] COELHO, FRANCISCO MANUEL PEREIRA/OLIVEIRA, GUILHERME DE RAMOS, RUI MOURA, *Curso de Direito da Família, Volume I: Introdução - Direito Matrimonial.* Coimbra: Coimbra Editora, 2001, pp. 583-584.

[48] Sobre o Curso, de 1965, e a frase que citamos no início desta secção. Ver supra, página 12.

[49] Aqui, PEREIRA COELHO apresentava estatísticas correspondentes ao ano de 1999 (ver COELHO/OLIVEIRA/RAMOS, p. 584, nota 10). Os dados mais recentes disponibilizados pelo Instituto Nacional de Estatística são os seguintes: em 2001 registaram-se 19044 divórcios, 16551 dos quais por mútuo consentimento e 2349, litigiosos. Destes, 1297 foram decretados com fundamento em violação dos deveres conjugais, 1014 e 126, respectivamente, com fundamento nas alíneas a) e b) do artigo 1781º do CC, e 2, com fundamento na alínea c). Registaram-se ainda 54 casos de conversão da separação em divórcio. (Estudos Demográficos 2001, http://www.ine.pt).

-se às vezes que a querela das causas do divórcio está resolvida; a "questão" do divórcio não seria já a das causas do divórcio mas a dos seus efeitos (...)."[50].

---

[50] O A. acaba, todavia, por considerar que a questão das *causas* do divórcio não está definitivamente ultrapassada.

2. AS CONCEPÇÕES TRADICIONAIS ACERCA DO DIVÓRCIO

O instituto do divórcio está tradicionalmente dividido na doutrina em três sistemas distintos, conforme a concepção predominante seja a de ver o divórcio numa perspectiva sancionatória, como remédio para uma situação matrimonial comprometida ou como simples constatação de ruptura do casamento[1], concepções que encontram o seu correspectivo nas variações da visão da sociedade acerca do casamento[2].

As concepções sancionatória e de divórcio remédio constituíram uma fase de divórcio restritivo, a ser declarado apenas em situações insustentáveis. As legislações ocidentais evoluíram, entretanto, para concepções de divórcio consensual e/ou de divórcio unilateral, a requerimento de uma das partes, ou de pura constatação da ruptura da relação matrimonial, sem lugar a considerações de culpa.

Porém, o facto é que poucos sistemas legislativos adoptam o puro esquema de divórcio-sanção ou o puro esquema de divórcio como constatação de ruptura e a questão da culpa continua a ser central nesta temática.

---

[1] COELHO, FRANCISCO MANUEL PEREIRA, *Curso de Direito da Família, Tomo I - Direito Matrimonial.* Coimbra: UNITAS, 1970, p. 76.

[2] A história do divórcio divide-se, segundo LEITE DE CAMPOS, na "medida em que é possível efectuar cortes e fazer distinções na história", "em duas grandes épocas: a do divórcio-sanção e, hoje, a do divórcio constatação da ruptura do casamento; com uma época intermediária, a do divórcio-remédio" CAMPOS, *Lições* ..., p. 270.

A maioria dos sistemas é, no entanto, misto, como o português, ou tradicionalmente baseados na culpa, mas incorporando situações em que o divórcio é concedido independentemente de culpa, como a separação de facto, a insanidade de um dos cônjuges ou a simples incompatibilidade. Outros, não concedendo relevância à culpa enquanto causa de divórcio, concedem-na já no que se refere aos seus efeitos, designadamente, patrimoniais. Levantam-se, pois, a este propósito, delicadas questões.

2.1. O sistema sancionatório

"No sistema do divórcio-sanção", "o divórcio pressupõe um acto ou procedimento culposo de algum dos cônjuges e quer ser a sanção contra esse acto ou procedimento."[3 4 5].

A ideia base é a de que o divórcio é um mal, mas um mal por vezes necessário. E, no sistema sancionatório, a necessidade do divórcio surge em defesa de um dos cônjuges contra o procedimento culposo do outro, de tal forma grave que torna incomportável a continuação da vida em comum.

Foi, de facto, sobre o princípio da culpa que assentou o instituto do divórcio durante muitos anos[6].

É que, concebendo-se o casamento como a instituição base da sociedade civil, e os cônjuges como desempenhando funções sociais de importância supra individual[7], não se podia permitir que estes dispusessem da sua relação como entendessem.

---

[3] COELHO, *Curso ...*, 1965, pp. 443 e ss..

[4] Também COELHO, *Curso ...*, 1970, p. 76.

[5] Já para ALMENO DE SÁ, "O divórcio sanção centra-se na indicação precisa de um culpado, com a consequente unilateralidade de abertura das causas de divórcio ao cônjuge inocente, perspectivando a dissolução como a "sanção" de uma falta grave cometida pelo outro cônjuge." SÁ, ALMENO DE, A Revisão do Código Civil e a Constituição. Revista de Direito e Economia 1977, Nr. 3, p. 474..

[6] VARELA, *Direito da Família*, p. 484.

[7] Esta concepção divorcista tem por base a concepção do casamento como contrato de cariz marcadamente mercantil, a que era alheia a vontade dos próprios nubentes, já que

O divórcio era, assim, proibido, ou autorizado apenas em situações excepcionais que teriam de ter por base uma grave ofensa que um cônjuge infligia ao outro, permitindo à parte inocente sancionar o culpado com o divórcio[8], *maxime*, com as pesadas sanções patrimoniais que o divórcio acarretava para o cônjuge culpado.

E esta ideia de divórcio-sanção reflectia-se, não só na questão da legitimidade para interpor a acção competente (que pertencia ao cônjuge inocente) como nas consequências do divórcio (sobretudo de carácter patrimonial) para o cônjuge culpado[9].

PEREIRA COELHO[10] critica fortemente o sistema sancionatório, defendendo que o divórcio é já um mal nele mesmo, pelo que não se compreende que a lei, para castigar o culpado, recorra a esta sanção, até porque pode o cônjuge culpado ser precisamente o que mais deseja o divórcio - caso em que a lei erra o alvo, dando ao cônjuge culpado "um prémio em vez de um castigo"[11][12].

A verdade é que a instituição do divórcio - do ponto de vista social, senão jurídico - ainda hoje é fortemente marcada por esta concepção culposa e sancionatória.

2.2. O sistema do divórcio-remédio

Progressivamente a consciência social começou admitir, em casos limite como os de demência ou ausência prolongada, situações em que o

---

os casamentos - que serviam principalmente como meio de conservação e, preferencialmente, de aumento, do património familiar - eram combinados pelas famílias dos futuros cônjuges, muitas vezes no berço. Ver CARVALHO, FIDÉLIA PROENÇA DE, *A Filosofia da Ruptura Conjugal (Notas para um divórcio sem culpa)*. Lisboa: Pedro Ferreira, Editor, 2002, pp. e ss.

[8] CAMPOS, *Lições ...*, p. 270.
[9] VARELA, *Direito da Família*, p. 485.
[10] COELHO, *Curso ...*, 1965, página 444.
[11] COELHO/OLIVEIRA/RAMOS, p. 609.
[12] CARVALHO, p. 97, lembra, no entanto, uma certa ideia de justiça conjugal - consubstanciada num castigo social - subjacente à ideia de divórcio-sanção.

casamento, independentemente da actuação culposa dos cônjuges, já não estava apto a realizar a sua finalidade, permitindo-se ao outro cônjuge a obtenção do divórcio[13][14]. Esta ideia, como disse ANTUNES VARELA[15], "abalou a trave mestra do princípio clássico da culpa".

O divorcio é ainda considerado um mal, mas, nesta concepção, necessário enquanto remédio para uma situação conjugal impossível, sem lugar a constatação de culpas[16].

Neste sistema, aponta PEREIRA COELHO[17], "[...] O divórcio pressupõe apenas uma situação de crise do matrimónio, um estado de vida conjugal intolerável, e quer ser o remédio para um tal estado ou situação. [...]. Concebe-se, agora, que esse estado carecido do remédio do divórcio seja só aquele que provém da culpa de algum dos cônjuges, como se concebe que se julgue carecida do remédio do divórcio, também, a situação em que a vida conjugal se tenha tornado intolerável por causas puramente objectivas: de qualquer forma e mesmo no primeiro caso, nunca o divórcio quererá castigar o culpado, mas só remediar ou prover àquela situação de crise, objectivamente considerada.".

Nesta concepção, trata-se, pois, de pôr fim a uma situação que, por factos relacionados com um dos cônjuges, se tornou intolerável para o outro, ainda que tais factos não resultem do comportamento culposo do cônjuge, mas simplesmente de causas objectivas[18][19].

---

[13] "Manter o cônjuge não doente vinculado a tal matrimónio, comentavam os autores, equivaleria a condená-lo a castidade perpétua ou à contínua prática do adultério". VARELA, *Direito da Família,* p. 485.

[14] Note-se, no entanto, que a Lei do Divórcio de 1910, entre nós, previa já o divórcio por causas objectivas, não culposas, como a separação, a ausência sem notícias, a loucura incurável ou outras doenças. Cfr. o artigo 4º, números 6, 7, 8 e 10.

[15] VARELA, *Direito da Família,* p. 486.

[16] CAMPOS, *Lições ...,* pp. 270 e ss..

[17] COELHO, *Curso ...,* 1965, pp. 443 e ss. e também COELHO, *Curso ...,* 1970, p. 549.

[18] SÁ, p. 475.

[19] Cfr. o Acórdão da Relação de Coimbra de 19/06/1984, CJ, 1984, III, páginas 67 e seguintes, segundo o qual "No divórcio-remédio, a culpa dos cônjuges não é essencial. Pode ser decretado sem culpa alguma do réu e até com toda a culpa do autor.".

2.3. O sistema do divórcio constatação de ruptura

PEREIRA COELHO[20] esclarece que "O princípio da ruptura [...] transcende porém este esquema tradicional [do divórcio-remédio]. Não se trata agora só, nem principalmente, do comportamento ou da condição pessoal do outro cônjuge, mas de uma situação que pode ser devida a qualquer dos cônjuges e até em maior medida ao cônjuge autor. Como quer que seja, o que importa é a existência de uma situação de ruptura do casamento, objectivamente considerada e que o divórcio deve pura e simplesmente constatar.".

Todavia, um sistema puro de constatação de ruptura exigiria, no dizer deste Autor, que o divórcio pudesse ser requerido por ambos os cônjuges ou por qualquer um deles sem quaisquer condicionamentos ou limitações, devendo permitido onde quer que existisse uma situação de ruptura, indiciada suficientemente pela manifestação de vontade de um ou ambos os cônjuges - sem, é óbvio, qualquer ponderação de culpa. Este sistema, nesta forma extrema, é raramente adoptado[21] [22].

O divórcio malogro - ou *divorce-faillite*, como é designado pelos juristas franceses - ou, como se lhe referem a maioria dos juristas, o divórcio constatação da ruptura - está ligado a uma ideia de crise do vínculo conjugal, sem necessidade de invocação de uma causa precisa nem da indagação de culpas, reflectindo a crise irremediável da relação matrimonial, independentemente da imputabilidade da situação a um ou outro dos cônjuges[23].

É que aqui se concebe o casamento fundamentalmente como instrumento individual da felicidade dos cônjuges, pelo que qualquer dos cônjuges que entenda não poder atingir essa felicidade no âmbito da relação terá a faculdade de prosseguir um divórcio, ainda que a crise matrimonial se fique a dever a causa a ele imputável[24] [25].

---

[20] COELHO, *Curso* ..., 1970, pp. 550 e ss..
[21] COELHO/OLIVEIRA/RAMOS, pp. 585-586.
[22] Vamos encontrá-lo apenas em alguns estados federados norte americanos.
[23] SÁ, p. 474.
[24] CAMPOS, *Lições* ..., pp. 270 e ss..

O conceito de ruptura da relação matrimonial reveste diferentes significados e é de enunciação delicada, nem sempre definida por um texto preciso, podendo estar implícita em causas especiais, objectivas[26]. É presumida por determinados factos enumerados na lei (sistemas inglês, italiano e alemão[27]) e, a maior parte das vezes, por um período de separação de facto (presunção privilegiada) mais ou menos prolongado.

Por vezes, a ruptura resulta do acordo das partes (divórcio por mútuo consentimento) ou da vontade unilateral de um dos cônjuges: a ruptura é assim pura e simplesmente constatada - e, nessa medida, constitui uma espécie de subsistema por vezes designado de *divorce-constat* e que difere do último porque tende a suprimir a apreciação judiciária e os meios de defesa dos cônjuges[28] [29].

---

[25] Para VARELA, *Direito da Família,* p. 487, "A lei como que abdicou da sua função morigeradora das populações, nesse largo espectro de situações da vida conjugal, adaptando-se docilmente à progressiva degradação dos costumes. Tal como o direito romano via na cessação da *affectio maritalis* o sinal de extinção do casamento, também o direito moderno passou a considerar a ruptura objectiva do casamento como o derradeiro critério da permissão do divórcio, quem quer que tenha sido o culpado do facto.".

[26] POUSSON-PETIT, JACQUELINE, *Le Demariage en droite comparé - etude comparative des causes d'inexistence de nullité du mariage, de divorce et de séparation de corps dans les systèmes européens.* Bruxelas: F. Larcier, 1981, pp. 144 e ss..

[27] Ver infra 4.1.2, página 49; 4.1.4, página 61 e 4.2.1, página 66.

[28] POUSSON-PETIT, pp. 115 e ss..

[29] CARVALHO, pp. e ss., desenha uma nova concepção de divórcio, a que dá o nome de divórcio-repúdio, o qual parte da concepção de que o casamento só existe enquanto subsista entre os cônjuges a *affectio conjugalis*. Ver, ainda, a esse propósito, partindo de uma análise do sistema espanhol, VIEIRA, MARÍA LUISA ARCOS, *La Desaparición de la "Affectio Maritalis" como Causa de Separación y Divorcio.* Navarra: Editorial Aranzadi, S.A.., 2000.

3. EVOLUÇÃO DAS CONCEPÇÕES TRADICIONAIS

3.1. A tendência moderna

Para as legislações modernas, a definição e enquadramento do instituto do divórcio dependem necessariamente da noção de família - ou concepção global da família, como critério interpretativo de todas as normas que a ela se referem - que se assume como ponto de partida[1].

Assim, aqueles que sustentam uma visão institucional[2] da família - sejam os que designam a família como instrumento para a realização de finalidades que ultrapassam os interesses dos membros individuais, sejam os que atribuem à família fins éticos, religiosos ou que a subordinam a instâncias de direito natural - defendem, consequentemente, a sua indissolubilidade.

---

[1] Uma das medidas adoptadas pela Revolução Bolchevique, que desde o início procurou destruir a instituição familiar, considerada - a par de outras instituições, como a Igreja (e, de forma geral, de todas as "associações com mais de duas pessoas") - inimiga do *estado socialista* e da *colectivização*, foi, ao lado da descriminalização do incesto, da bigamia, do adultério e do aborto e do incentivo aos filhos para que denunciassem os próprios pais, a total liberalização do divórcio, que se operava através de simples notificação postal ao outro cônjuge AMIS, MARTIN, *Koba the Dread* (*Laughter and the Twenty Million*). Londres: Jonathan Cape, 2002, p. 154.

[2] Sobre a concepção da família como instituição, ver SANTOS, pp. 20 e ss..

Ao invés, aqueles que defendem a natureza contratualística do matrimónio vêm na disciplina divorcistica a sanção pela violação culposa das obrigações daquele decorrentes[3].

Todavia, à visão "publicista" ou "supra individual" da família, segundo a qual o interesse da colectividade ou do grupo deve prevalecer sobre o do indivíduo isoladamente considerado, mesmo quando estejam em jogo aspectos que se prendam com a personalidade e a dignidade humanas, ou à concepção contratualística, que transporta para o campo das relações pessoais noções próprias das relações patrimoniais, sem considerações para com a especificidade das relações familiares, contrapõe-se uma ideia "privatistica" e "funcionalizada" de família como formação social, constitucionalmente tutelada enquanto instrumento do desenvolvimento harmónico dos membros individuais que a constituem e para garantia dos direitos fundamentais destes[4].

"Na generalidade dos Direitos europeus e americano, o divórcio tem vindo a ser liberalizado. A manutenção do casamento tende a só depender da vontade dos cônjuges, da continuação do seu consenso inicial. Uma vez desaparecido este consenso, não desaparecerá "ipso iure" o casamento; mas o divórcio constitui uma via cada vez mais acessível aos cônjuges que desejam dissolver o seu vínculo. Este abandono do vínculo à vontade dos cônjuges, enquadra-se numa "deslegalização" do divórcio. O Direito civil afasta-se para entregar o casamento e o divórcio aos costumes, à sociedade civil."[5].

Nos sistemas antigos, a presença da culpa era, como vimos[6], indispensável e suficiente - o divórcio sancionava a culpa. Este sistema sancionatório era, no entanto, no dizer de POUSSON-PETIT, incompleto, irrealista e injusto, porque a realidade conjugal ignora a distinção fáctica

---

[3] STANZIONE, GABRIELLA AUTORINO, *Divorzio e tutela della persona - l'esperienza francese, italiana e tedesca*. Nápoles, 1981, Scuola di Perfezionamento in Diritto Civile dell' a Università de Camerino, pp. 16 e ss..

[4] Ver STALFORD, HELEN, Concepts of Family under EU Law - Lessons from the ECHR. International Journal of Law, Policy and the Family, 16 Dezembro 2002, Nr. 3, 410 e ss.

[5] CAMPOS, *Lições ...*, p. 268.

[6] Supra, 2, página 31.

entre cônjuge inocente e cônjuge culpado, sendo que, na maior parte das vezes, as culpas são recíprocas ou, mesmo, inexistentes.

Os sistemas foram evoluindo de uma base culposa para uma base auto-responsabilizante. Na maioria dos direitos actuais, a culpa é retida apenas a título de indício, facilitando a prova da ruptura e, em determinados casos, assumindo a forma de uma culpa geradora de danos e do consequente dever de indemnizar.

Alguns sistemas, como o belga, recusam distinguir entre a culpa dos dois cônjuges. O divórcio é sempre decretado com culpas recíprocas ou partilhadas, partindo do princípio básico de que a culpa de um cônjuge não torna lícita a do outro.

Outros sistemas estudam a interacção das culpas conjugais, sendo que se atribui à culpa exclusiva ou preponderante determinados efeitos, como a impossibilidade de requerer o divórcio ou de vir a receber pensão alimentar.

Pese embora a tendencial regressão das considerações de culpa em matéria de causas de divórcio, ela recupera muitas vezes uma função importante no momento da dissolução do casamento. Neste sentido, a maior parte dos sistemas jurídicos participam, ainda, de uma concepção sancionatória[7].

O problema fulcral passa a ser agora o de saber qual o espaço que resta para o princípio da culpa enquanto valoração negativa que o ordenamento jurídico faz da conduta recíproca dos cônjuges, da qual retira consequências sancionatórias no âmbito das relações patrimoniais e pessoais relativas aos cônjuges entre eles e no relacionamento com os filhos[8].

As concepções modernas acerca da família e, em particular, do papel da instituição matrimonial foram, como é natural, profundamente influenciadas pela nova sociologia da família[9] e, inevitavelmente, pelos movi-

---

[7] POUSSON-PETIT, p. 142.

[8] STANZIONE, pp. 23 e ss.

[9] Ver, a este propósito, as contribuições da colecção de ensaios, SILVA, ELIZABETH/SMART, CAROL, editores, *The "New Family? Sage Publications* Lda, Outubro 1998.

mentos de cariz feminista das últimas décadas[10] e, bem assim, pelos avanços da psicologia e da psicanálise, fundamentalmente a partir de Freud.

3.2. A nova sociologia da família

Durante as décadas de sessenta e setenta, aquilo que PIERRE BOURDIEU designa como a "dominação masculina" na esfera social deixou de ser um fenómeno tão absoluto em resultado do enorme trabalho empreendido pelo movimento feminista, ao lado das profundas transformações que a condição feminina conheceu, como a democratização do acesso ao ensino secundário e superior e, consequentemente, ao trabalho

---

[10] Interessante, a este propósito, é também a análise sociológica das questões que se levantam à família e à respectiva regulamentação legal na "nova" Europa, isto é, a que resulta da vaga de imigração de leste e da perspectiva de abertura da União Europeia aos antigos países do Bloco, em KURCZEWSKI, JACEK/MACLEAN, MAVIS, editores, *Family Law and Family Policy in the New Europe*. Dartmouth, 20 Março 1997, The Onati International Institute for the Sociology of Law.

O texto examina a Europa oriental e ocidental e o clima de incerteza que emergiu como resultado da dramática "des-revolução" das divisões binárias do velho continente.

A fim conseguir a integridade europeia, os problemas dos recém-chegados carecem de estudo aprofundado, focalizado no destino da família nos diferentes regimes políticos e económicos existentes e na compreensão mútua destes dois mundos, que diferem tão marcadamente na experiência social recente, mas compartilham, hoje, das mesmas preocupações.

A U. E. não pode prolongar para sempre a decisão relativa ao alargamento. Entretanto, os problemas específicos enfrentados nos países de leste, na sua legislação, nas suas estruturas familiares e nas suas políticas da família carecem de ser investigados.

Os problemas da excessiva intervenção estadual das políticas que as décadas da governo totalitário criaram, possíveis no contexto da rede da segurança social existente, criaram, no entender deste estudo, nos povos desses países uma dificuldade em lidar com a responsabilidade e a iniciativa individuais, demonstrando que há vastas áreas da vida social onde é necessária uma mistura sábia da responsabilidade individual e pública.

A experiência comunista recente pode ser invocada como argumento de que, para que uma solução global possa ser encontrada global, terá de ser traçado um cuidadoso caminho entre a espada do totalitarismo e a parede do egoísmo institucional.

e à esfera pública, a relativa libertação das tarefas domésticas e das "funções de reprodução" - as mulheres passaram a casar mais tarde e a mais tarde ter os filhos, a não interromper a carreira por tanto tempo em virtude da maternidade -, ao mesmo tempo que, claro está, cresceram as taxas de divórcio e desceram as taxas de casamento[11], o que gerou transformações profundas ao nível das estruturas familiares.

Eis que temos agora "dois parceiros conjugais submetidos ao mesmo processo de renascimento da subjectividade característico das sociedades modernas. Cada membro do casal procurará na comunhão de vida a maior realização pessoal e a maior satisfação que puder."[12].

Nas palavras da socióloga portuguesa ANÁLIA CARDOSO TORRES, na perspectiva sociológica, "[...] as relações afectivas, ao fazerem emergir laços interindividuais constituem-se como dimensões das relações sociais", sendo que "[...] as próprias relações amorosas são fundadoras da vida social, pois no quadro valorativo presente se considera o amor como pretexto fundamental para a conjugalidade. Assim, criamos o mundo social em que vivemos, também porque amamos, porque estamos com outros, porque temos filhos, porque continuamos histórias mais ou menos felizes.". E a verdade é que "Não o fazemos de maneira semelhante em todas as épocas."[13].

Para GUILHERME DE OLIVEIRA, a primeira grande transição, do ponto de vista sociológico, é, de facto, aquela que se opera do "casamento aliança" para o "casamento romântico" e para a generalização da família nuclear, constituída por pai, mãe e filhos, como modelo surgido da nova cultura do casamento e família. Este conceito assenta ainda, no entanto, num estatuto desigual para homens e mulheres e a família nuclear, regida por estreitas normas de conduta, só comporta um "projecto de individualização", o do homem[14].

---

[11] BOURDIEU, PIERRE, *A Dominação Masculina*. Celta Editora, 1999, p 77.
[12] OLIVEIRA, "Queremos amar-nos...", p. 335.
[13] TORRES, ANÁLIA CARDOSO, *Divórcio em Portugal, Ditos e Interditos*. Oeiras: Celta Editora, Outubro 1996, p. 10.
[14] OLIVEIRA, "Queremos amar-nos... mas não sabemos como!", p. 333 e ss..

Já para EDUARDO DOS SANTOS, a família "como forma de associação integral [...] permite ao indivíduo a realização da sua vida plena", porquanto é na família que se conjugam "a independência e a liberdade do indivíduo com a união estreita e solidariedade familiar", se "produz o equilíbrio entre os sentimentos e a inteligência do indivíduo" e é nela que ele "ensaia os primeiros passos para viver em sociedade maior com os seus semelhantes: atenuando o seu egoísmo e refreando os seus caprichos, conciliando os seus propósitos e interesses com os dos outros, experimentando sentimentos de altruísmo"[15]. Mas a "família entrou em profunda crise e desfuncionalizou-se", transitando de um "modelo tradicional", no qual o divórcio é proibido, para um "modelo modernista" que democratiza o divórcio[16].

Os modelos propostos por estes dois juristas portugueses radicam ou encontram afinidades com o modelo "sistémico" desenvolvido pelo sociólogo francês L. ROUSSEL, para quem o aumento da ruptura conjugal encontra explicação na difusão de "modelos de casamento que implicam pela sua própria natureza uma maior probabilidade de divórcio"[17].

De facto, para este Autor, a cada modelo matrimonial está associado um tipo específico de divórcio: ao casamento tradicional, com ênfase no carácter sacramental da instituição, corresponde habitualmente a ausência ou o carácter fortemente excepcional do divórcio; ao casamento-aliança, fundado na instituição matrimonial como palco da solidariedade afectiva, está associado o divórcio sanção, porquanto a medida só se justifica quando um dos cônjuges pratique uma falta grave contra a instituição; ao casamento-fusão, resultante de afinidade afectiva intensa, corresponde o divórcio-falha, no qual a ruptura é ainda vivida com angústia e culpabilidade; e, por fim, ao casamento-associação, fruto de um contrato privado que tem como fim maximizar as gratificações de cada parceiro, corres-

---

[15] SANTOS, pp. 23-24.
[16] SANTOS, pp. 27-28.
[17] L. ROUSSEL, "Mariages et divorces, contribuition à une analyse sistématique des modèles matrimoniaux", in *Population*, 6, 1980, apud TORRES, *Divórcio em Portugal*, p. 56.

ponde um sistema de divórcio constatação da ruptura, como puro problema privado[18].

FRANÇOIS DE SINGLY, sociólogo francês[19], considera que, na sociedade actual, o projecto de vida que cada um escolhe é de certa forma independente de legitimação social, institucional ou moral, dependendo fundamentalmente do desenvolvimento pleno, inter-ajuda e respeito mútuo de duas pessoas que decidem partilhar a vida.

E é isto que faz com que a família seja, segundo o Autor, o lugar primordial na construção da identidade do indivíduo enquanto ser eminentemente social, porquanto, parafraseando HEGEL, "são precisos pelo menos dois para se ser humano"[20].

Num mundo em que o homem se revela menos através de papéis preestabelecidos e mais através da procura da identidade individual, o papel das relações afectivas pessoais e duradouras que se estabelecem no seio da família na socialização primária - da criança - e do eu adulto é essencial. É o amor gratuito e incondicional que se gera no seio da família que permite o desenvolvimento da confiança do indivíduo indispensável à descoberta da sua identidade, unidade e estabilidade. E, desta forma, "contrariamente às aparências e aos discursos de desolação, (..) a família nunca teve tanta importância como agora"[21].

O problema é que, no dizer de DE SINGLY, "o eu não é estável". O contínuo crescimento e aperfeiçoamento do "eu" causa mudanças e necessidades de adequação nas relações familiares, entre pais e filhos e, no que aqui nos diz particularmente respeito, nas relações entre cônjuges, entre homem e mulher.

---

[18] Outros modelos explicativos para o fenómeno da ruptura conjugal, fundamentalmente de origem americana, passam por exemplo, pela *social exchange theory* - na qual se afirma que, se os custos da relação são maiores do que as recompensas, ela tenderá a terminar - ou pelo modelo económico - que compara directamente os custos do casamento com os custos das alternativas disponíveis. Ver TORRES, *Divórcio em Portugal*, pp. 64 e ss..

[19] Considerado, entre os franceses, o pai da sociologia da família.

[20] DE SINGLY, FRANÇOIS, *O Eu, o Casal e a Família*. Publicações D. Quixote, 2000, pp. 16 e ss.

[21] DE SINGLY, *O Eu, ...* p. 23.

O que acontece ao "outro" quando o "eu" se modifica, como constantemente acontece: poderá a relação adaptar-se, reconverter-se e continuar, permitindo a cada um dos parceiros permanecer fiel a si mesmo e à união de ambos simultaneamente ou, pelo contrário, constituirá a continuidade da relação um obstáculo intransponível ao desenvolvimento da individualidade?

Então,

"Como é que o indivíduo (...) consegue convencer-se de que é ele próprio, ao mesmo tempo que estabelece laços de interdependência com pessoas próximas? E ele fá-lo procurando dois equilíbrios (...) entre "ligar-se a" e "desligar-se de" ao nível das relações com outrem; entre o "eu íntimo" e o "eu estatutário" ao nível da sua própria identidade. [...]. Esta dupla articulação entre a autonomia e a dependência em relação às pessoas muito intimas e entre o eu profundo e os marcadores de pertença levanta problemas. Pode dar origem a crises em que o eu múltiplo (...) deixa de conseguir unificar-se com a ajuda de pessoas intimas, em que ele considera que a dimensão estatutária foi demasiado preponderante a abafou a revelação de certos recursos pessoais."[22].

"As dificuldades da gestão das relações privadas provém da dupla regulação requerida entre as formas de validação pedidas e recebidas. [...]. Em virtude da função central de validação do eu, as uniões não têm razão para serem *a priori* estáveis (...). O tempo assegura apenas a dimensão da unidade temporal da identidade (...). Outras necessidades entram em linha de conta - a busca deste ou daquele recurso escondido, a preocupação da coerência interna - e podem não ser compatíveis facilmente com a manutenção de uma relação privilegiada. E isto tanto mais que os valores contemporâneos de mobilidade não valorizam em si a permanência, a longa duração."[23].

---

[22] DE SINGLY, *O Eu, ...* p. 29.
[23] DE SINGLY, *O Eu, ...* p. 77.

Deste modo, a regulação das relações familiares, entre os sexos e entre as gerações, deveria apoiar esta concepção, este "projecto de revelação"[24], e daí que o divórcio passe a ser concebido neste contexto como extrema medida de tutela atribuída ao indivíduo contra a compressão dos seus direitos fundamentais causada por uma situação familiar comprometida, devendo ser decretado apenas nas situações em que o poder judicial constate existir uma ruptura total e definitiva da relação matrimonial[25].

Mas, defende ainda GUILHERME DE OLIVEIRA, muito embora o Direito da Família tenha vindo a ceder - e continue, provavelmente, a fazê-lo - aos "imperativos da privatização do amor e da família" - a sociedade não está pronta a aceitar uma autonomia ilimitada do indivíduo no âmbito das relações familiares pessoais, sob pena de esta dar lugar a injustiças gritantes, o que "leva a doutrina tradicional a propor que se minimize a intervenção durante o casamento e que se concentrem os esforços" nas consequências pessoais e patrimoniais do divórcio e na diminuição do sofrimento nos momentos de crise[26].

3.3. Os mecanismos psicológicos da culpa

A família sempre foi e continuará a ser pois o núcleo básico da sociedade, sem a qual não é possível conceber qualquer organização legal ou social.

É no seio da família que nos construímos como indivíduos e é nela que, utilizando o jargão da psicologia, encontramos protecção para a nossa "angústia estrutural".

A família é, assim, "uma estrutura psíquica na dentro da qual cada membro tem um espaço e uma função"[27], e é esta estrutura, que existe

---

[24] DE SINGLY, *O Eu,* ... p. 24.
[25] Ver também, a este propósito, DE SINGLY, *Livres Juntos*.
[26] OLIVEIRA, "Queremos amar-nos...", pp. 345-346.
[27] PEREIRA, RODRIGO DA CUNHA, *Family, Human Rights, Psychoanalysis and Social Inclusion*, 3 Agosto 2002 (URL: http://www.jus.uio.no,aced,10/09/2002)

antes e acima da lei, que todos os sistemas legais devem tentar regular com a intenção última de auxiliar a sua sobrevivência, para que o indivíduo possa, em derradeira instância, existir como cidadão e crescer como pessoa.

É pois com a família que o indivíduo procura completar-se, através do mecanismo psicológico, de construção freudiana, do desejo ou da "necessidade do outro".

"Um dos grandes méritos de Freud foi ter conseguido romper a dicotomia existente entre indivíduos e sociedade. Sustentou que a psicologia individual constituía, pela sua própria essência, uma psicologia social; assim, cada uma das atitudes do ser humano, na sua expressão mais profunda, só podia ser compreendida na sua relação com o outro, o seu semelhante. Em última instância, o estudo das neuroses significa o estudo das relações humanas, mas encarando-as em todos os seus aspectos, e em especial no conflitual, porque o que é a neurose senão, fundamentalmente, o resultado de um conflito entre a parte moral e a parte instintiva da personalidade? Neste conflito, o sentimento de culpa é um dos seus componentes essenciais."[28]

A psiquiatria, a psicologia e a psicanálise têm-se preocupado, desde Freud, com o origem da relevância do sentimento de culpa na nossa sociedade.[29] Para COIMBRA DE MATOS[30], a cultura da culpa é um elemento da nossa sociedade com origem, não só judaico-cristã, como pré-helénica (padronizada no mito do rei Édipo).

---

[28] GRINBERG, LEÓN, *Culpa e Depressão*. Lisboa: CLIMEPSI Editores, 2000, Prefácio à edição espanhola, pp. XIX e XX.

[29] "O sentimento de culpa tem uma estreita relação com três das manifestações mais significativas que a evolução do homem teve ao longo da história, e que preocuparam profundamente filósofos, teólogos, sociólogos e psicólogos: a Religião, a Moral e a Ética." GRINBERG, Prefácio à edição espanhola, p. XIX.

[30] Presidente da Comissão de Ensino da Sociedade Portuguesa de Psicanálise.

"Sou eu o criminoso ou és tu; já que o crime existe, efectivou-se, e alguém tem de ser o seu autor, o responsável (...). É a entronização do homem culpado."

Também o pensamento mágico-animista

"desconhece a ausência de intencionalidade (...). O acidental, fortuito (...) é desconhecido, impensado ou mesmo recusado: é a denegação do não humano, o dogma do homem como medida e padrão de todas as coisas e de todos os seres (...). (...) o trágico, o que acontece de mal sem intervenção de um agente animado (com alma), é recusado, não admissível, forcluído."[31].

É aqui que encontramos a importância fulcral do "sentimento de culpa", na formulação de LEÓN GRINBERG, conceito indirectamente vinculado ao dualismo do bem e do mal, sendo que um dos principais problemas que se levantam à história da ética é o de identificar o momento em que "o pensamento ocidental chegou à concepção de responsabilidade humana"[32].

E, assim, perceber o funcionamento da nossa estrutura psíquica é também entender a estrutura do litígio conjugal, no qual o processo judicial é muitas vezes o real causador da degradação do outro. É a mistura do subjectivo com o objectivo que faz com que as partes fiquem sempre com a sensação de que perderam, de que foram derrotados. Claramente, num processo judicial difícil e longo há uma tentativa de mascarar a inevitável perda que a separação, nela própria, implica.

Por outro lado, poderá dizer-se que todos as questões que se levantam no direito da família são encaradas no prisma na ética sexual vigente em cada tempo e sociedade determinados. Por exemplo, quando há uma investigação da paternidade, está indirecta ou directamente em debate a

---

[31] GRINBERG, António Coimbra de Matos, Prefácio à edição portuguesa, p. XII.
[32] GRINBERG, p. 49

conduta sexual da mãe; quando há um processo litigioso de divórcio, a causa mais frequente é o adultério[33].

Interessante será, no entanto, citar, neste contexto, um artigo de um conhecido psiquiatra da nossa praça, publicado na rubrica intitulada "Um Olhar de Fora" do Boletim da Ordem dos Advogados:

> "Uma parte importante da minha actividade clínica é passada com casais e com famílias. Numa tentativa de diminuir o seu sofrimento ou de os fazer aceitar situações que são irreversíveis. No trabalho com casais sou muitas vezes confrontado com o divórcio. Não trato do divórcio jurídico, como é óbvio, mas ajudo as pessoas a fazerem o divórcio emocional. As experiências várias, de vida e profissional, ensinaram-me que não há divórcios felizes, ainda que esta possa ser a única e melhor solução para alguns casamentos. No enquadramento jurídico português sempre que há um divórcio litigioso, tem de haver um culpado ou culpados[34]. [...]. Para quem trabalha com emoções esta necessidade de culpa é totalmente aberrante. Num divórcio pode haver um agente activo e um passivo, **mas a noção de culpa não se pode aplicar aos afectos.**"[35] [36].

---

[33] PEREIRA.

[34] O que, note-se, não é verdade (cfr. o artigo 1781o do CC). O Autor, no entanto, não é jurista, pelo que o lapso será de perdoar, em razão do argumento.

[35] GAMEIRO, JOSÉ, Divórcio, Conflito ou Mediação? Boletim da Ordem dos Advogados, 2002, Nr. 20, 43.

[36] Nosso enfatizado.

4. BREVE ANÁLISE DE DIREITO COMPARADO

Parece-nos interessante fazer uma breve comparação acerca das condições em que pode ser decretado o divórcio e respectivos efeitos - e do papel que é atribuído à culpa - nos vários países europeus, de tradição continental ou de *common law*. Veremos assim brevemente, por um lado o que se passa em Espanha, na Alemanha, que liberalizou o divórcio em 1976, em França, na Itália, que introduziu o divórcio em 1970, e na Escandinávia e, por outro, no Reino Unido e, finalmente, na Irlanda, que era até há bem pouco tempo um dos dois únicos países europeus em que o divórcio era proibido[1].

A culpa retém ainda, como veremos, um papel importante, quer como fundamento do divórcio quer quanto aos seus efeitos, nas legislações de cariz continental - excepto nos países escandinavos - e mesmo nalguns sistemas de *common law*.

---

[1] O único país europeu que mantém, hoje em dia, a proibição do divórcio é Malta. Malta é dominada pela Igreja Católica e o regime matrimonial que resulta da aplicação das normas canónicas é extensivo até aos não católicos. Muitas vozes se têm já levantado neste pequeno País para que seja alterado este estado de coisas e iniciou-se há pouco tempo um grande debate público com vista à introdução do divórcio, mas até agora não se produziu a desejada modificação legislativa. Ver, por todos, http://www.mensra.com/home.htm e http://www.serachmalta.com/ezine/mouse/onevision.shtml.

4.1. As legislações europeias continentais

4.1.1. Espanha

Até ao século XX, a legislação espanhola nunca admitira o divórcio em sentido próprio, ou seja, como causa de dissolução do matrimónio. A *Ley de Matrimonio Civil* de 1870 chamava divórcio à separação dos cônjuges e a redacção originária do Código Civil espanhola incorporava a regulamentação canónica do casamento, admitindo o casamento civil unicamente com carácter subordinado[2].

A Constituição da 2ª República modificou, no entanto, este estado de coisas, estabelecendo, no artigo 43, a possibilidade de divórcio por mútuo consentimento ou por petição de qualquer dos cônjuges, com alegação, nesse caso, de justa causa. Este princípio foi plasmado na lei ordinária pela *Ley de Divorcio* de 1932.

Os efeitos desta lei foram suspensos em 1938 e, logo após a vitória da facção franquista na guerra civil, em 1939, a lei foi derrogada. Situação normativa que se manteve incólume durante todo o período da ditadura, a qual optou pelo princípio, de evidente raiz canónica, de que o casamento era uno e indissolúvel[3].

O divórcio apenas foi reintroduzido, como resultado dos debates do período de transição democrática que se seguiu à morte de Franco, em 1981 pela Ley 30, de 7 de Julho, que alterou o Código Civil.[4]

---

[2] LASARTE, CARLOS, *Principios de Derecho civil VI - Derecho de familia*, 3.ª edição. Madrid: Marcial Pons, Ediciones Juridicas e Sociales, S. A., 2002, pp. 110 e ss.

[3] RODRIGUES, BRAZ, *Lei do Divórcio (Decreto de 3 de Novembro de 1910)*. 2.ª edição. Lisboa: Livraria Morais, pp. 243 e ss.

[4] Veja-se o que a propósito do vigésimo aniversário da aprovação desta lei se publicou no jornal espanhol El Periódico:

"VEINTE AÑOS DE CASTO DIVORCIO.
EL PERIÓDICO, 10/06/201":

"Vinte anos depois de aprovada a lei do divórcio, é altura de fazer um balanço. A esperada reforma do Código Civil recuperou a dissolução do matrimónio que já a República regulava e, pesem embora alguns prognósticos que auguravam um país de filhos abandonados e pais dando rédea solta à libertinagem, a aplicação da lei foi-se processando sem traumas.

Não se produziram avalanches e os cidadãos foram, pouco a pouco, apresentando as suas acções e reorganizando os "papéis" das suas vidas. Ainda que, durante a ditadura, ninguém tivesse podido divorciar-se, a maioria das rupturas ocorridas tornaram-se, com o tempo, irreversíveis e um grande número de cônjuges separados constituiu, à margem da lei, novas famílias, com novos companheiros e filhos.

Esta mesma lei permitiu a separação sem invocação de causa, no caso de esta ser consensual, e a regulação dos seus efeitos através de convenção entre as partes, de modo a que o Juiz converteu-se unicamente em garante da legalidade e o Ministerio Fiscal, quando existem filhos, no supervisor dos interesses destes.

Tudo isto teve por base um avanço marcado por uma época de harmonização legal aos mandatos constitucionais e de reconstrução do Estado democrático. Não obstante, podemos hoje já assinalar determinados aspectos que se tornaram obsoletos ou que vieram a revelar-se insuficientes.

Entre estes, cumpre destacar o facto de não poder aceder-se directamente ao divorcio, sem prévia separação legal ou de facto (salvo no caso de atentado contra a vida), o que se funda no temor do legislador a decisões precipitadas. Mas esse compasso de espera não tem hoje qualquer sentido, já que toda a pessoa sabe quando o seu casamento está irremediavelmente comprometido, pelo que a demora exigida resulta numa intromissão indevida na livre configuração da vida.

Tão pouco tem sentido que a separação de mútuo acordo exija um período de um ano após o casamento, pois que alguns casais, na viagem de núpcias ou passados poucos meses de vida em comum, descobrem que não querem continuar e são muito bem capazes de resolver a questão de forma amigável.

A maior conflituosidade produziu-se por desacordos económicos e com relação às responsabilidades parentais, questões para as quais as fórmulas legais resultam excessivamente genéricas. Em muitos casos, quando os cônjuges procuram aconselhamento jurídico, dizem estar dispostos a pagar as pensões previstas na lei, mas a inexistência de um sistema de cálculo ou de fórmulas concretas levam a guerras judiciais, porquanto a mera indicação de que a prestação deve ser proporcional às necessidades de quem recebe e às possibilidades de quem paga não favorece o acordo. Um sistema similar ao estabelecido noutros âmbitos, como na lei de acidentes com veículos automóveis, através cálculos objectivos, nos quais se contemplassem critérios

A matéria relativa ao divórcio está hoje regulada no Libro I, Título IV do Código Civil espanhol[5] (artigos 85-89), por remissão sistemática à separação (artigos 81 a 84)[6].

Os efeitos do divórcio estão regulados em comum com os da separação e da declaração de nulidade do casamento (nos artigos 90 a 101). A lei espanhola não só manteve a possibilidade de os cônjuges recorrerem à separação de facto, já prevista anteriormente a 1981, como impôs a separação como requisito prévio ao divórcio.

---

de proporcionalidade, número de membros da família, atribuição do uso do domicilio, entre outras coisas, traria, desde logo, um elevada decréscimo no número de litígios. O mesmo acontece no que respeita aos filhos: a expressão legal de resolver a questão "no interesse" do menor reforça o elemento subjectivo de discricionariedade judicial e conduz ao desacordo.

Será no interesse de um adolescente que a solução dependa unicamente da vontade dele, que pode estar condicionada por questões como qual dos pais admite que ele tenha uma mota ou que saia até mais tarde? Será no interesse da criança manter contacto com um pai violento, que maltrata, à frente dela, a mãe?

O novo plano de acção do governo contra a violência doméstica prevê o acesso directo ao divórcio e a supressão de visitas nestes casos, mas não existe qualquer modificação mais global, que afecte outros casos.

O Codi de Familia catalão desde 1998 que regula de forma autónoma os efeitos da separação e do divórcio para a maior parte dos matrimónios catalães, mas as fórmulas utilizadas são quase idênticas às cunhadas em 1981 no Código Civil, com algumas matizações, e a falta de concretização situa também a solução na esfera judicial. Com a perspectiva de que hoje dispomos e com a experiência do tempo, que permitem que se faça um balanço, seria bem vinda uma intervenção legislativa que modificasse, nestes pontos, esta lei. Em especial se esta modificação fosse realizada de uma forma estruturada e não resultasse de um rosário de intervenções parciais, que são sempre pouco saudáveis". Em http://usuarios.intercom.es/mjvarela/publi_divor.htm #d2. (Nossa tradução do original em espanhol).

[5] O direito ao divórcio não está consagrado na Constituição, que se limita a dispor que a lei regulará as formas de casamento, as causas de separação e dissolução e os seus efeitos. V. art. 32.2 da Constituição espanhola.

[6] À semelhança, aliás, do que acontecia entre nós na vigência do Código Civil de 1966 anterior à reforma. Ver infra 5, página 83.

No ordenamento jurídico espanhol, todas as causas de divórcio giram em torno de uma separação prévia: no sistema actual, praticamente a única causa de divórcio é cessação efectiva da convivência conjugal, consubstanciada numa separação prévia - de facto ou judicialmente decretada -, de maior ou menor duração[7].

Mesmo no procedimento de divórcio por mútuo acordo, a vontade das partes não é suficiente para o decretamento do divórcio, na medida em que há que alegar e provar a cessação efectiva da convivência conjugal através de uma período de separação prévia.

As causas do divórcio em Espanha podem pois caracterizar-se como típicas da concepção de divórcio remédio, não obstante existirem também alguns resquícios de divórcio-sanção (quando decretado por referência à separação judicial com fundamento na violação de deveres matrimoniais)[8].

A separação judicial poderá ser decretada a requerimento de ambos os cônjuges ou de um, com o consentimento do outro, decorrido que esteja pelo menos um ano de casamento e instruída com as proposta de acordo regulador dos efeitos da separação[9], ou por um dos cônjuges, quando o outro tenha incorrido em causa legal de separação[10]. São causas de separação o abandono injustificado do lar, a infidelidade, a conduta injuriosa ou vexatória ou qualquer outra violação grave ou reiterada dos deveres conjugais[11] [12], qualquer violação grave ou reiterada dos deveres respei-

---

[7] É certo que o Código Civil prevê uma causa de divórcio directa, que não exige a prévia ruptura da convivência, que é a condenação penal por sentença transitada em julgado, por atentar contra a vida do cônjuge, nos termos do art. 86.5.o, mas o escasso número de procedimentos de divórcio que têm origem nesta causa não chegam para desvirtuar a proposição de que, em grande medida, no sistema espanhol, a separação prévia é um requisito do divórcio, seja esta de facto ou judicialmente decretada.

[8] LASARTE, p. 112.

[9] Artículo 81/1. São eles os relativos ao exercício do poder paternal e alimentos, atribuição de casa de morada da família, contribuição para as despesas domésticas, alimentos devidos a ex-cônjuges e/ou pensão compensatória e partilha (art. 90).

[10] Artículo 81/2.

[11] Art. 82/1.

[12] Os deveres conjugais são os definidos nos artigos 66 e seguintes: são eles os deveres de ajuda e respeito mútuo e de actuação, em geral, no interesse da família ("el

tantes aos filhos do casal (ou aos filhos de um deles que vivam junto com os cônjuges)[13], a condenação em pena de privação da liberdade por tempo superior a três anos[14], o alcoolismo, a toxicodependência ou perturbações mentais de um dos cônjuges, sempre que o interesse do outro ou da família exijam a suspensão da convivência[15], a separação de facto livremente consentida por mais de seis meses ou, não consentida, por três anos[16], e, por fim, qualquer dos fundamentos atendíveis como causa de divórcio, previstos nos números 3, 4 e 5 do artigo 86.

O divórcio é, então, concedido por referência à separação dos cônjuges. É, assim, única causa de divórcio, nos termos do artigo 86, com excepção do caso de condenação por atentado à vida do outro cônjuge, seus descendentes ou ascendentes, a *cessação efectiva da convivência conjugal*[17].

Esta cessação comporta três tipos de prazo distintos: em primeiro lugar, o divórcio pode ser requerido com fundamento na cessação efectiva da convivência conjugal por um ano ininterrupto a contar da data da interposição do pedido de separação, quando formulada por ambos os cônjuges ou por um, com o consentimento do outro (desde que decorrido um ano após a celebração do casamento), ou do trânsito em julgado da sentença[18] que decrete a separação em acção formulada por um dos cônjuges contra o outro pelas causas previstas no artigo 82.

Em segundo lugar, o divórcio pode ser requerido com fundamento na cessação efectiva da convivência conjugal por pelo menos dois anos inin-

---

marido y la mujer debem respetarse y ayudarse mutuamente y actuar en interés de la familia" - art. 67), de coabitação, fidelidade e socorro ("los cónyuges están obligados a vivir juntos, guardarse fidelidad e socorrerse mutuamente" art. 68).

[13] Art. 82/2.
[14] Art. 82/3.
[15] Art. 82/4.
[16] Art. 82, 5 e 6.
[17] Que é, nos termos do artigo 87, compatível com a manutenção da coabitação dos cônjuges, desde que quando determinada por necessidade económica, por tentativa de reconciliação ou pelo interesse dos filhos.
[18] Ou se, decorrido aquele prazo, não haja decisão acerca do recurso interposto desta sentença.

terruptos, desde que a separação de facto seja livremente consentida por ambos os cônjuges ou desde o trânsito em julgado da sentença de separação ou da declaração de ausência de um dos cônjuges, a requerimento de qualquer deles ou quando quem pede o divórcio acredite que, ao iniciar-se a separação de facto, o outro tinha incorrido em causa de separação.

Por último, o artigo 86 prevê ainda a possibilidade de qualquer um dos cônjuges requerer unilateralmente o divórcio desde que tenha havido cessação efectiva da convivência conjugal durante pelo menos cinco anos.

O pedido de divórcio, quando seja subscrito por ambos os cônjuges ou por um com o consentimento do outro, deverá ser acompanhado da proposta de acordo relativo ao exercício do poder paternal e alimentos, atribuição de casa de morada da família, contribuição (*cargas del matrimonio*) e alimentos, liquidação do regime matrimonial (quando a ela deva haver lugar) e pensão compensatória (art. 86, in fine, art. 90, art. 97).

O processo de divórcio instaurado por comum acordo ou por um dos cônjuges com o consentimento do outro é, desde 2000, regulado pelo artigo 777 da nova *Ley de Enjuiciamento Civil*[19], onde se determina que o *convenio regulador* relativo a estas matérias é ratificado em separado diante da autoridade judicial, que só depois se pronuncia sobre o pedido de separação ou divórcio e sobre tal convénio[20].

O acordo será homologado pelo Juiz, a não ser que o considere lesivo do interesse dos filhos ou de um dos cônjuges, e a decisão poderá, ainda assim, ser alterada, se uma modificação das circunstância assim o justificar.

Na falta de acordo, o Juiz decidirá, tendo em conta o interesse dos filhos, acerca do exercício do poder paternal e alimentos[21], e acerca da atribuição da casa de morada da família, que deverá ser adjudicada ao cônjuge que dela se mostre mais necessitado[22], e da eventual atribuição de

---

[19] L 1/2000.
[20] LASARTE, p. 118.
[21] Arts. 92 a 94.
[22] Art. 96 e art. 773 da Ley 1/2000.

verba destinada a auxílio nas despesas decorrentes da separação (*litis expensas*) e pensão de alimentos ao cônjuge que, em virtude do divórcio, sofra, em relação ao outro, um desiquilíbrio grave da situação patrimonial[23].

Tal pensão (*pensión compensatoria*) será fixada pelo juiz tendo em conta vários elementos, entre os quais a dedicação que o cônjuge necessitado tenha prestado, no passado, e preste ainda à família, a colaboração deste nas actividades do outro cônjuge, a duração do casamento, etc.[24][25]

Não estando prevista, no direito espanhol, qualquer obrigação do tribunal de declarar a culpa dos cônjuges, se a houver, tendo em conta que o sistema seguido é o de divórcio constatação de ruptura, não há logicamente lugar a quaisquer sanções de natureza patrimonial ao comportamento dos cônjuges, senão as que eventualmente venham a resultar da própria avaliação do juiz na aplicação das fórmulas genéricas da lei.

Este princípio da irrelevância da culpa é, com efeito, o dado mais importante da regulação do divórcio introduzida em 1981. O artigo 97 não habilita o Juiz a atender à causa genética da pensão ou vínculo da determinação da necessidade e montante da pensão compensatória, factor que anteriormente àquela data era desconhecido da legislação espanhola[26].

Alguma doutrina[27][28] acredita, no entanto, dever incluir-se as causas que deram origem à separação ou divórcio naquelas *entre otras circunstâncias* a que faz referência o artigo 97 - tendo em conta, não só o teor dos projectos de lei e da discussão pública, como o facto de o sistema não ter abandonado completamente a concepção sancionatória, por referência à

---

[23] Art. 97 e 774 da L 1/2000.

[24] LASARTE, pp. 141 e ss..

[25] HENRI MAZEAUD e.a., Leçons de Droit Civil, apud XAVIER, M. RITA ARANHA DA GAMA LOBO, *Limites à Autonomia Privada nas Relações Patrimoniais entre os Cônjuges*. Coimbra: Almedina, 2000, p. 407, nota 558.

[26] A lei republicana do divórcio, de 1932, previa uma pensão a favor do cônjuge inocente que dela necessitasse. LASARTE, p. 143.

[27] ARENAS, ANA LAURA CABEZUELA, *La Limitación Temporal de la Pensión Compensatoria en El Código Civil (Estudio Jurisprudencial y Doctrinal)*. Navarra: Editorial Aranzadi, S. A., 2002, pp. 109 e ss.

[28] LASARTE, p. 142.

violação de deveres conjugais na separação judicial e, consequentemente, no divórcio.

Assim, não seria de conceder-se pensão compensatória ao cônjuge que tenha dado causa à ruptura conjugal nos termos do artigo 82.

É que, sendo a exclusão da culpa uma das características que com maior força se afirmam no âmbito da *pensión compensatoria*, não é possível, todavia, ignorar a injustiça que pode representar o facto de se obrigar o cônjuge que assumiu o papel de vítima na ruptura da relação matrimonial a pagar ao outro, que com o seu comportamento culposo causou tal ruptura, uma pensão, as mais das vezes substancial.

Para ANA ARENAS, esta injustiça clara, observada à luz da adopção da concepção de divórcio remédio e do abandono da concepção sancionatória pelo sistema espanhol, servirá apenas para alertar o legislador para que introduza na lei mecanismos de correcção, não permitindo, no entanto, como querem alguns, que o Juiz possa relevar directamente a conduta dos cônjuges e a contribuição de cada um destes para a ruptura da relação matrimonial na ponderação da pensão compensatória[29].

Veja-se ainda quanto a um resquício de relevância da culpa nos efeitos patrimoniais, que o cônjuge viúvo perde os seus direitos sucessórios se estava, com culpa sua, separado de facto do cônjuge falecido (art. 834 do Código Civil) e que qualquer dos cônjuges pode ser deserdado por ter violado grave ou reiteradamente os deveres conjugais (art. 855, 1a)[30].

Por último, não existe em Espanha qualquer alusão à perda de benefícios em caso de divórcio, análoga a do nosso artigo 1781o do CC[31]. O artigo 1443 do Código Civil determina, porém, que deverá integrar-se no conceito de ingratidão a imputabilidade da ruptura conjugal a um dos cônjuges ou os pressupostos legais para a deserdação do art. 885, para efeitos de revogação das doações efectuadas em virtude do casamento[32].

---

[29] ARENAS, pp. 110 e ss..
[30] LASARTE, p. 144.
[31] XAVIER, p. 409, nota 560.
[32] Ver LASARTE, pp. 189 e ss..

Note-se, ainda, que o art. 95 do Código Civil espanhol consagra a perda de benefícios e consequências relativas à partilha análogas às prescritas no nosso artigo 1790º ao cônjuge que esteja de má fé, não no que se refere ao divórcio, mas quando o casamento seja declarado nulo. O artigo 98 consagra, assim, o direito a indemnização en caso de matrimonio putativo ao cônjuge de boa fé na mesma hipótese.

4.1.2. Alemanha

Para o direito alemão, um casamento validamente celebrado só pode ser dissolvido - por facto inter vivos - por decisão judicial, a pedido de um ou de ambos os cônjuges[33][34][35].

A partir da Primeira Reforma de 1976, a questão da culpa deixou de poder ser tomada em consideração e a única causa de divórcio atendível passou a ser a falência[36] do casamento, falência que é averiguada pelo Tribunal - entendendo-se que isso aconteceu quando deixou de haver comunhão de vida entre os cônjuges e não há expectativas de que esta possa vir ser retomada[37] -, mas presumida *iuris et de iure* em determinados casos.

O Tribunal de Família terá pois de analisar o estado da relação matrimonial e fazer uma estimativa acerca das hipóteses de reconciliação.

Com o objectivo de evitar intromissões desnecessárias na esfera de reserva da vida privada e familiar, o BGB instituiu duas presunções de

---

[33] §1564 BGB

[34] A edição do BGB que aqui utilizamos foi KÖHLER, HELMUT/(PREF.), *Bürgeliches Gesetzbuch*, 52.ª edição. Deutsher Taschenbuch Verlag, 1 Agosto 2002.

[35] A nossa fonte foi aqui GOTTWALD, PETER/SCHWAB, DIETER/BÜTTNER, EVA, *Family and Succession Law in Germany*. Kluwer Law International, 2001, pp. 58 e ss., pelo que se considera a referência devidamente efectuada em todos os casos em que outra não seja expressamente mencionada.

[36] §1565 (1) 1 BGB: "*Eine Ehe kann geschieden werden, wenn sie gescheitert ist*".

[37] §1565 (1) 2 BGB: "*Die Ehe ist gescheitert, wenn die Lebensgemeinschaft der Ehegatten nicht mehr besteht und nicht erwartet werden kann, dass die Ehegatten sie wiederherstellen*".

falência do casamento[38]: que os cônjuges estejam separados há um ano e ambos requeiram o divórcio ou que este seja requerido por um sem oposição do outro[39] ou, simplesmente, que os esposos estejam separados há três anos[40].

O BGB considera que há separação de facto quando[41] não existe comunhão de vida entre os cônjuges e (pelo menos) um deles ostensivamente não deseja retomá-la, rejeitando a relação matrimonial, mesmo que os cônjuges habitem debaixo do mesmo tecto[42].

No entanto, mesmo depois de estabelecida a ruptura definitiva de relação matrimonial, um dos cônjuges pode ter interesse na manutenção do casamento. O BGB estabelece, então, uma "cláusula de dureza" (*Härteklausel*), segundo a qual um casamento que tenha falhado não será, todavia, dissolvido[43] por razões especiais relacionadas com o interesse de um menor nascido do casamento - interesse que é avaliado *ex officio* e que, na prática, poderá mesmo impedir um divórcio por mútuo consentimento[44] - ou ainda sempre que tal resulte em grave prejuízo para a parte que se opôs ao requerimento[45].

Por outro lado, mesmo havendo falência da relação matrimonial, nos termos do disposto no §1565 (1) BGB, se os cônjuges estão separados há menos de um ano, o divórcio só será concedido se a manutenção da relação matrimonial for excepcionalmente penosa para o requerente em virtude da pessoa do outro (ofensas matrimoniais sérias)[46].

---

[38] GERNHUBER, JOACHIM, *Lehrbuch des Familienrechts*. 3.ª edição. München: C. H. Bech, 1980, pp. 303 e ss..

[39] §1566 BGB (1)

[40] §1566 (2) BGB

[41] §1567 (1) 1: "*Die Ehegatten leben getrennt, wenn zwischen ihnen keine häusliche Gemeinschaft besteht und ein Ehegatte sie erkennbar nicht herstellen will, weil er die eheliche Lebensgemeinschaft ablehnt*".

[42] §1567 (1) 2 BGB.

[43] §1568 BGB.

[44] GOTTWALD/SCHWAB/BÜTTNER, p. 58.

[45] GERNHUBER, pp. 310 e ss.

[46] §1565 (2) BGB : " (...) *wenn die Fortsetzung der Ehe für den Antragsteller aus Gründen, die der Person des anderen Ehegatten liegen, eine unzumutbare Härte darstellen würde*".

Sempre que os cônjuges estejam de acordo em requerer o divórcio ao abrigo do disposto no §1566 I BGB, a petição terá de incluir acordos relativos à regulação do poder paternal e aos alimentos devidos a filhos menores, aos alimentos entre cônjuges, à partilha dos bens comuns e ao destino da casa de morada da família.

Quanto aos efeitos do divórcio, no que se refere a alimentos o princípio que impera é o de que os cônjuges devem poder suportar-se financeiramente após o divórcio através dos seus próprios recursos, existindo direito a pensão de alimentos apenas nos casos em que isso não seja possível[47].

O direito alemão não advoga uma doutrina de *clean break* pura, reconhecendo a manutenção de um dever de cuidado ou responsabilidade dos cônjuges entre si após o divórcio, pelo que define, nos §§1570-76 BGB, as condições e fundamentos pelos quais um dos cônjuges terá direito a receber alimentos do outro, ancorados num critério de necessidade[48].

São eles o facto de o cônjuge peticionante não poder auferir rendimentos do trabalho pelo período e na medida em que tenha a cargo dele ou dela uma criança nascida do casamento[49], ou em razão da sua idade - quer no momento da separação, quer no momento em que termine o encargo de cuidar de uma criança nascida do casamento ou em que cessem os requisitos do direito a alimentos ao abrigo do disposto nos §§1572 e 1573[50] - ou de doença física ou mental[51] ou ainda quando o cônjuge peticionante deseja completar a sua educação ou formação, de forma a vir" num futuro próximo, a ser capaz de prover ao sustento próprio[52].

---

[47] §1569 BGB
[48] §1577 BGB
[49] §1570 BGB
[50] §1571 BGB.
[51] §1572 BGB. À semelhança do parágrafo anterior, a situação de doença é aferida, quer no momento da separação, quer no momento em que cesse o encargo de cuidar de uma criança ou em que cessem os pressuposto do direito a alimentos ao abrigo do §1573 ou ainda no momento em que o cônjuge complete a sua formação, educação ou reaprendizagem.
[52] §1575 BGB.

São ainda fundamentos do direito a alimentos o facto de um dos cônjuges não conseguir encontrar emprego remunerado[53] ou suficientemente remunerado (caso em que terá direito a requerer do outro alimentos em valor suficiente para perfazer a diferença)[54], direito que será de duração limitada apuradas circunstâncias, como a duração do casamento ou o papel assumido pelos cônjuges no cuidado do lar ou na obtenção de rendimentos, que tornassem uma pensão de duração ilimitada particularmente injusta à luz da equidade[55] e desde que o peticionante não tenha tido ou tenha a seu cargo um filho nascido do casamento.

Por último, quando nenhum destes pressupostos é aplicável, um dos cônjuges pode ainda requerer alimentos do outro com fundamento em critérios de equidade, quando, por razões sérias - que não as que tenham levado à falência do casamento - não lhe seja exigível que provenha ao seu próprio sustento e a inexistência de pensão consistisse, ponderadas as circunstâncias, numa grosseira injustiça[56].

A culpa não é, face ao princípio que enforma o sistema, atendível na ponderação do direito a alimentos. Todavia, o §1579 BGB prevê circunstâncias em que se permite que o direito a alimentos seja negado, reduzido ou limitado por razões de equidade, incluindo-se aqui[57] o caso em que o cônjuge requerente seja o único culpado de graves ofensas matrimoniais ou de qualquer outro acto que tenha seriamente prejudicado a pessoa ou os interesses patrimoniais do cônjuge requerido[58][59].

---

[53] §1573 I BGB.
[54] §1573 II BGB.
[55] §1573 (5) BGB
[56] §1576 BGB.
[57] Além de outros fundamentos, como ter tido o casamento curta duração ou o requerente ter-se propositadamente colocado no estado de necessidade.
[58] §1579 (2), (4), (5) e (7) BGB
[59] Ver GERNHUBER, pp. 382 e ss. Ver ainda, a propósito do regime específico, fixação e duração da *Unterhalt*, em geral, no direito alemão, KALTHOENER, ELMAR/BÜTTNER, HELMUT/NIEPMANN, BIRGIT, *Die Rechtsprechung zur Höhe des Unterhalts*. 8.ª edição. Munchen: C. H. Bech, 2002, pp. 244 e ss., quanto ao regime resultante do divórcio.

Alguma doutrina e jurisprudência alemãs chegaram já, todavia, a considerar inconstitucional, por violação da dignidade humana e da reserva da intimidade da vida privada e familiar, qualquer indagação jurídica nesta esfera destinada a averiguações de culpa na conduta dos cônjuges, logo que o Tribunal tenha logrado verificar, sem margem para dúvidas, a falência total e definitiva da relação matrimonial.

Esta posição não podia deixar de ter consequências radicais no que diz respeito à regulamentação dos efeitos do divórcio. É que, muito embora não fique prejudicada a legitimidade de um controlo judicial sobre as consequências do divórcio, porque esta mexe com a situação existencial, não só dos cônjuges, como, sobretudo, dos filhos, os efeitos do divórcio terão agora de ser totalmente ancorados em critérios que não concedem qualquer relevância à conduta dos cônjuges.

No que respeita à partilha e ao destino da casa de morada da família, o Tribunal decidirá, sempre que os cônjuges não estejam de acordo, com base em princípios de equidade[60]. O resultado final da aplicação estrita das regras do regime de bens respectivo no momento da liquidação do património comum será assim corrigido por critérios de equidade. O §1381 (1) BGB permite mesmo que o direito à participação nos bens adquiridos (que resulta da liquidação do regime de bens supletivo no direito alemão, que é um regime de separação com comunhão nos adquiridos no momento da dissolução) possa ser recusado pelo cônjuge devedor no caso de grosseira iniquidade[61], nomeadamente[62] no caso de o cônjuge que reclama a participação não ter cumprido com as suas obrigações de contribuição para os encargos da vida familiar[63][64].

No que respeita à questão da revogação dos benefícios entre cônjuges pela dissolução do casamento, a inexistência de uma norma análoga à que encontramos na nossa lei que extinga automaticamente tais benefícios tem levado grandes esforços doutrinais e jurisprudenciais na tenta-

---

[60] Cf. §§3-7 *Hausratsverordnung*.
[61] *Große Unbilligkeit*.
[62] Prescreve o (2) da mesma disposição.
[63] Cfr. o §1360 BGB.
[64] XAVIER, pp. 419 e ss..

va de serem aplicadas as normas de direito comum, como o mecanismo da alteração das circunstâncias, esforços que têm conduzido a resultados pouco justos e que em nada contribuem para a segurança do tráfego jurídico[65].

4.1.3. França

No âmbito do direito comparado, é indispensável uma referência ao sistema francês.

A admissibilidade e o regime do divórcio sofreram em França curiosas vicissitudes.

A Revolução Francesa ressuscitou a instituição do divórcio, banida desde a Idade Média, admitindo o divórcio por causas determinadas, por mútuo consentimento e mesmo por incompatibilidade de temperamento, regime que, na prática, podia corresponder a um repúdio unilateral.

A era napoleónica refreou, no entanto, o espírito liberal da revolução. O Código Napoleónico admitia o divórcio, suprimindo, no tanto, o divórcio por incompatibilidade de temperamentos e reduzindo o número de causas determinadas, subordinando-as a uma noção de culpa. Conservou o divórcio por mútuo consentimento, mas rodeou-o de tantas dificuldades práticas que o tornou praticamente inacessível à maioria das pessoas.

Entretanto, em 1816, com a queda do Império, uma lei de 8 de Maio (*loi de Bonald*) veio abolir totalmente o divórcio, tendo acolhido assim a posição da Igreja Católica.

A instituição só viria a ser recuperada com a III República: a 27 de Julho de 1884, a lei francesa voltou a permitir o divórcio, mas apenas por faute, continuando por restabelecer o divórcio por mútuo consentimento.

A tendência posterior de liberalização do divórcio foi sendo operada, não por alteração legislativa substantiva, mas pela progressiva simplificação das regras processuais e, sobretudo, pela jurisprudência, através

---

[65] XAVIER, pp. 410 e ss..

de interpretações extensivas da lei (por exemplo da noção de injúria grave como fundamento de divórcio). Só em 1975 se operou uma significativa reforma da legislação do divórcio em França, dando origem ao regime que, com poucas alterações, se mantém até à actualidade[66].

Na sociedade francesa têm vindo a desenvolver-se de forma simultânea, desde os anos sessenta, duas tendências distintas no que diz respeito ao divórcio. Ao lado da visão que sustenta ainda a necessidade de uma concepção autoritária da família e da força do vínculo conjugal, que considera como tendencialmente indissolúvel, aparece aquela que sublinha a progressiva acentuação, no âmbito das relações pessoais, da ideia individualista e de tutela da pessoa humana.

Estas concepções coexistem de forma mais ou menos pacífica, porquanto é opinião generalizada de que o conceito de instituição familiar não é incompatível com o conceito da perda da função da família e que a visão individualista não conduz necessariamente à eliminação da averiguação dos comportamentos culposos, pelo que se sustenta também a possibilidade de coexistência de princípios culposos com princípios que não concedem relevância à culpa.

De facto, no sistema francês insiste-se ainda muito na já abusada distinção entre divórcio-sanção, divórcio-remédio e *divorce-faillite*.

É que se chegou à conclusão de que na consciência social francesa coexistem múltiplas e diferentes ideias de divórcio, pelo que a lei suporta quatro tipos distintos de procedimento, previstos nos artigos 230 a 246 do Code Civil[67].

O primeiro, fundado na culpa, corresponde ao sistema de divórcio-sanção, o *divorce pour faute*. Considera-se, neste procedimento, que há culpa de um cônjuge quando o outro logre provar factos que constituam violação grave ou reiterada dos deveres e obrigações do casamento, de

---

[66] CARBONNIER, pp. 529-530.

[67] Com a redacção introduzida pela *loi no 75-617 du 11 juillet 1975*, a qual, no seguimento de várias reformas de inspiração liberal que naquele ano tiveram lugar, introduziu o divórcio por mútuo consentimento. LARCHÉ, JACQUES, Actualite de la loi de 1975 sur le divorce (Auditions Publiques). Em Les Rapports du Sénat. Volume 460, Sénat - Comission des Lois, 1 Dezembro 2000, p. 5.

forma a tornar intolerável a manutenção da vida em comum, ou quando o cônjuge requerido tenha sido condenado em processo crime.

Os direitos e obrigações decorrentes do casamento previstos nos artigos 203 e ss. do Code Civil são a obrigação de cuidado e educação dos filhos, o dever de fidelidade, a obrigação de socorro e assistência (*obligation d'entretien et d'éducation des enfants, devoir de fidélité, obligation de secours et d'assistance*)[68], a obrigação de contribuir para os encargos da família (*obligation de contribuer aux charges du mariage*)[69] e a obrigação de coabitação (*obligation de communauté de vie*)[70].

O divórcio assim decretado poderá, no entanto, ter em consideração a culpa de ambos os cônjuges e ser, pois, *aux torts partagés*[71].

Um outro procedimento, que entende o divórcio como remédio oferecido ao cônjuge inocente contra uma situação conjugal intolerável, corresponde ao procedimento de divórcio *pour rupture de la vie commune*, que é decretado pelo juiz, precedendo tentativa de conciliação, por separação de facto por período não inferior a seis anos[72], ou por alteração das faculdades mentais de tal forma grave que impeça a coabitação (se *les facultés mentales, depuis six ans, sont si gravement altérées qu'aucune communauté de vie n'existe plus et ne pourra plus exister*)[73].

O divórcio pronunciado com base nestes fundamentos sê-lo-á com responsabilidade exclusiva (*à torts exclusifs*)[74] do cônjuge requerente, que deverá, bem assim, pagar pensão de alimentos ao requerido. Se o divórcio é decretado *aux torts exclusifs* de um cônjuge que tenha, com os factos

---

[68] a. 212 Code Civil.
[69] a. 214.
[70] a. 215
[71] a. 245 Code Civil.
[72] a. Code Civil.
[73] a. 238 Code Civil.
[74] Optamos aqui por traduzir *torts* por responsabilidade. O conceito aqui utilizado pelo legislador francês tem origem no regime da responsabilidade civil anglo-saxónico. O facto de o divórcio ser decretado à *torts exclusifs* ou à *torts partagés* acarreta consequências específicas que se prendem directamente com o dever de indemnizar.

que deram origem à dissolução do casamento[75], causado prejuízo ao outro, ou se este prejuízo decorre do próprio divórcio[76], pode o cônjuge a quem tenha sido causado o dano requerer a condenação do outro na respectiva reparação.

A lei coloca, no entanto, à disposição do cônjuge requerido duas possibilidades de defesa: um pedido reconvencional baseado na culpa[77] e a cláusula de dureza (*clause de dureté*)[78], ao abrigo da qual o juiz não decretará o divórcio, se o cônjuge demandado alegar que este terá, para ele ou para os filhos, consequências materiais ou morais excepcionalmente duras[79].

Ao lado deste, existem ainda o pedido de divórcio por mútuo consentimento, a requerimento de ambos os cônjuges (*divorce par consentement mutuel sur demande conjointe*), admissível desde que os cônjuges tenham estado casados mais de seis meses e acordem[80] quanto aos efeitos do divórcio (partilha, poder paternal, pensão alimentar e prestação compensatória)[81] e o divórcio por mútuo consentimento, a requerimento de apenas um dos cônjuges, mas consentido pelo outro (*divorce par consentement mutuel sur demande séparée ou acceptée*)[82], nos casos em que o cônjuge requerido não se opõe à dissolução do casamento, mas os cônjuges não estão de acordo quanto aos efeitos do divórcio.

Sustenta-se assim a necessidade de que a disciplina do divórcio ofereça a cada indivíduo o "modelo normativo" mais conforme à sua própria opinião, sensibilidade, ideologia e à situação das relações conjugais no caso concreto[83][84][85].

---

[75] a. 1382, nos termos gerais.
[76] a. 266, à semelhança do nosso artigo 1792o/1. Os danos podem, aqui, porém, ao contrário do que acontece entre nós, ser de ordem material.
[77] a. 241.
[78] Semelhante à *Härteklausel* do direito alemão.
[79] a. 240 *Code Civil*.
[80] A vontade dos cônjuges deve ser, no entanto, de acordo com o disposto no a. 232, al. 1, real, livre e continuada.
[81] a. 230 e seguintes.
[82] Ou *sur double aveu*, na expressão de CARBONNIER, p. 574.
[83] STANZIONE, pp. 76 3 ss..

Têm já tido lugar, no entanto, neste País numerosas tentativas para pôr fim ao divórcio culposo e, bem assim, aos restantes procedimentos, que seriam substituídos - ao lado do divórcio por mútuo consentimento *sur demande conjointe* - por um único procedimento de divórcio *pour cause objective*, causa objectiva que seria, na prática, a ruptura irreversível do casamento, presumida por separação.

A supressão total da culpa como causa de divórcio tem sido frequentemente proposta, mas é largamente contestada por parte de muitos sectores de opinião. Contra a supressão do divórcio culposo muitas vozes se levantam, mantendo que este procedimento teria ainda um carácter altamente simbólico, como sanção social das obrigações do casamento[86][87].

A verdade é que a culpa mantem apenas um papel simbólico, ainda que, admitamos, importante, mas, de facto, as consequências patrimoniais do divórcio obedecem, em França, a um princípio de dissociação entre as culpas conjugais e as disposições de ordem patrimonial[88].

---

[84] OLIVEIRA, Um direito da família europeu?, pp. 319 e ss., sustenta que o divórcio é, no sistema português, regulado "à maneira francesa", porquanto também entre nós coexistem o divórcio litigioso com base na violação culposa de deveres conjugais, o divórcio que busca o seu fundamento na ruptura da relação matrimonial por causas objectivas e o divórcio litigioso.

[85] Vejam-se, a título de curiosidade, as estatísticas de divórcio em França, por tipos de procedimento, divulgadas pela organização Americans for Divorce Reform, http://www.divorcereform.org/index.html, ac. 02/11/2002: em 1996, de 117,716 divórcios pronunciados, 50,490 foram-no por culpa (43%) 49,463, por mútuo consentimento com petição conjunta (42%), 15,876, por mútuo consentimento por petição unilateral sem oposição (13%), 1,708 por ruptura da vida comum, com fundamento em separação de facto (1.5%) e 75 por ruptura da vida comum, com fundamento em distúrbios mentais (0.06%).

[86] LARCHÉ, pp. 5-8.

[87] " *Mme. DEKEUWER-DÉFOSSEZ: [",] 'il n'y a plus de divorce pour faute, cela veut dire que le mariage ne comporte plus d'obligations juridiquement sanctionnables."* ("[Se] deixar de haver divórcio por culpa, então deixarão de existir obrigações decorrentes do casamento juridicamente sancionáveis.)" Apud LARCHÉ, pp. 13-14.

[88] Ver CARBONNIER, pp. 609 e ss.

Tipicamente, isto expressa-se na prestação compensatória (*prestation compensatoire*), definida como o valor que um dos ex-cônjuges deverá pagar ao outro a fim de restabelecer entre eles, findo o casamento, o equilíbrio das condições de vida do ponto de vista financeiro[89][90] e na manutenção do dever de socorro e assistência[91] - sob a forma de pensão alimentar ou de criação de um fundo[92] (*constituition de capital*) - particular ao sistema de divórcio por ruptura da vida comum e funcionando exclusivamente a favor do cônjuge requerido[93].

Porém, os artigos 267 e 269 do Code Civil mantém, ainda hoje, a perda de doações[94] e dos benefícios matrimoniais[95] por parte do cônjuge considerado culpado do divórcio, no caso de divórcio culposo, ou que tomou a iniciativa do divórcio por ruptura da vida comum.

Também quanto à partilha, o Code Civil contém disposições[96] que admitem o recurso ao Tribunal, que decidirá de acordo com juízos de equidade, caso a aplicação das regras gerais de avaliação conduzam a um resultado manifestamente injusto[97][98].

---

[89] a. 270 s..
[90] CARBONNIER, p. 611.
[91] a. 281 s..
[92] À semelhança, aliás, mais uma vez, do que prescreve o direito inglês.
[93] CARBONNIER, pp. 615-618.
[94] CARBONNIER, p. 607
[95] Sendo que tais benefícios matrimoniais (*avantages matrimoniaux*) não constituem tecnicamente doações, mas cláusulas do regime matrimonial que visam favorecer um dos cônjuges (como as cláusulas de partilha desigual dos a. 1520 s.). Ver CARBONNIER, p. 607. São, pois, na definição avançada por RITA LOBO XAVIER, os "benefícios que um ou outro dos esposos pode retirar das cláusulas de uma comunhão convencional, bem como aqueles que podem resultar da confusão dos bens móveis ou das dívidas. Assim, a sua principal fonte (...) é constituída pelas cláusulas inseridas nas convenções matrimoniais relativas a regimes de comunhão, nomeadamente por aquelas que dizem respeito à comunhão e à partilha da comunhão e derrogam, a título particular ou geral, o princípio da igualdade; outro exemplo é o das cláusulas que reconhecem a atribuição preferencial de certos bens a um dos cônjuges". XAVIER, pp. 407 e 408 e nota 559.
[96] Cfr. os a. 1571 e 1574 e 1578 e 1579.
[97] XAVIER, p. 421, texto e nota 583.
[98] Também CARBONNIER, p. 606.

4.1.4. Itália

O sistema italiano[99] adopta hoje uma concepção de família com a qual é incompatível uma concepção divorcística inspirada em princípios de culpa enquanto valoração da violação dos deveres decorrentes do vínculo matrimonial.

O caminho percorrido não foi, todavia, livre de obstáculos. Com efeito, o artigo 34 da concordata de 1929, com o objectivo de restituir a dignidade e o carácter sacramental ao instituto do matrimónio, como base da família[100], deu em Itália à Igreja Católica amplo poder em matéria matrimonial.

Por força disto, a introdução do divórcio no sistema judicial italiano teve que esperar pelo ano de 1970 e passar por uma tenaciosa batalha. A lei n.898 (c.d. Fortuna-Baslini) foi finalmente aprovada por maioria suficiente a 14 de Dezembro de 1970, com 319 votos favoráveis e 286 contra: curiosamente, no texto a palavra "divórcio" nunca aparece, sendo substituída pela expressão neutra "dissolução do casamento". Contra esta lei, o Vaticano impôs um referendo, convencido de que iria obter vitória. No entanto a 12 e 13 de Maio de 1974, 33 milhões de italianos foram às urnas e deram às hierarquias católicas uma sonora lição: quase 60% da população votou pela manutenção da lei.

Subsequentemente, a norma foi modificada, alargada e melhorada pelas leis 436/1978 e 74/1987[101].

O regime e efeitos do divórcio estão hoje em dia previstos, em Itália, nos artigos 149. a 158. do Codice Civile e na L. 1.12.1970, n.898, com as modificações introduzidas pelas L. 1.08.1978, n. 436 e L. 6.03.1987, n. 74.

---

[99] STANZIONE, pp. 149 e ss..

[100] *"Lo Stato italiano, volendo ridonare all'istituto del matrimonio, che é a base della famiglia, dignità conforme alle tradizioni cattoliche del suo popolo, riconosce al sacramento del matrimonio, disciplinato dal diritto canonico, gli effetti civili...".*

[101] Ver http://www.uaar.it/documenti/laicita/09.html, ac. 20/11/2002.

As causas do dissolução do casamento são várias e estão definidas na lei. Na maioria dos casos, no entanto, o divórcio é precedido de separação pessoal dos esposos: esta pode ser consensual ou judicial. No primeiro caso é um acordo simples entre os esposos, homologado pelo juiz; no segundo, o juiz intervém numa situação de conflito não sanável. Três anos depois (eram inicialmente cinco), os cônjuges separados podem requerer o divórcio.

Para o direito canónico, claro, o laço permanece indissolúvel e o divórcio produz efeitos meramente civis.

O artigo 1. da L. n. 898 consagra, no essencial, uma concepção de divórcio constatação de ruptura ao determinar que o juiz pronuncia a ruptura da relação matrimonial quando determina que a comunhão espiritual e material dos cônjuges não pode ser mantida ou reconstituída por força de uma das causas prevista nos artigos 3 e seguintes, mormente, a condenação de um dos cônjuges por determinados crimes dolosos, a alienação mental (divórcio imediato), a separação judicial decretada por sentença transitada em julgado, a separação consensual homologada judicialmente ou a separação de facto, em qualquer dos casos desde que a separação dure, ininterruptamente, por três anos (divórcio diferido)[102 103].

No que respeita aos efeitos patrimoniais, o artigo 156 do Codice consagra a possibilidade de o juiz constituir a favor do cônjuge que não tenha dado causa à separação o direito a receber do outro pensão adequada a prover ao sustento próprio, caso não possua rendimento suficientes para tal. Também a L. 1 de Dezembro de 1970, n.898 prevê[104] que a constitui-

---

[102] NOVA, GIORGIO DE, editor, *Codice Civile e leggi collegate*. Bolonha: Zanichelli, 1999.

[103] Vejam-se as estatísticas: Em 2000, as separações em Itália foram 71.969 (mais +10,9% do que em 1999 e mais +37,5% do que em 1995), enquanto o numero de divórcios foi de 37.573 (mais +9,4% do que em 1999, mais +39,0% do que 1995).

Deram-se 6,2 separações e 3,4 divórcios por cada 1.000 casais no norte e 3,2 separações e 1,4 divórcios no sul. O processo de separação consensual é muito veloz e demora em média 136 dias, contra 1119 para a separação judicial; para o divórcio, as estatísticas são de 135 dias, contra 617.

Ver http://www.uaar.it/documenti/laicita/09.html, ac. 20/11/2002.

[104] Em 5., VI.

ção de uma tal obrigação, na ponderação da qual o tribunal terá em consideração, entre outros factores, como a condição dos cônjuges, o contributo destes para a formação do património e os respectivos rendimentos, a razão da dissolução do casamento[105].

4.1.5. Escandinávia

Na Escandinávia, a reforma da legislação do casamento, divórcio e propriedade conjugal operou-se no início do século XX, começando com a Noruega. Este país reformou a legislação do divórcio em 1909, permitindo o divórcio por mútuo consentimento.

A Dinamarca, a Suécia e, por último, a Finlândia vieram a adoptar, com pequenas diferenças, o modelo Norueguês.

A liberalização do divórcio nos países escandinavos insere-se naquilo a que alguns chama de modelo nórdico do casamento. Este modelo é desde logo caracterizado pela igualdade dos cônjuges e pela rejeição do conceito cristão de casamento.

Desde logo foi dada a maior importância ao individualismo e à igualdade sexual dos cônjuges e, nesse sentido, as leis escandinavas diferiam fortemente das adoptadas noutros países europeus no início do século XX.

O facto de estas reformas terem tido lugar tão cedo no tempo e de forma tão pouco controversa prende-se com a cultura nórdica, caracterizada por uma combinação especial de individualismo com responsabilização social pelo bem estar comum, operada através de reformas sociais e intervenção estatal. De facto, a reforma demonstra como a intervenção estatal na esfera privada vai de encontro à protecção dos interesses individuais, mormente, do direito do indivíduo ao divórcio106.

---

[105] XAVIER, p. 409, nota 560.
[106] O facto de os países do norte da Europa terem uma tradição fortemente luterana também não é de ignorar. No entanto, a verdade é que também a igreja luterana se opôs à liberalização do divórcio. A oposição da Igreja não teve, todavia, grande peso no regime matrimonial dos três países escandinavos. *O Divorce Act norueguês*, de 1909, por exemplo, fez parte de uma estratégia legislativa destinada a diminuir a influência da Igreja e substituir os valores religiosos pelo racionalismo laico. A prova de que o papel da Igreja

Na Noruega, a lei consagra a qualquer dos cônjuges o direito ao divórcio sem invocação de motivo. Só a violência e a bigamia foram conservados pela lei como fundamentos específicos do divórcio. O divórcio pode ainda ser requerido com fundamento em separação, precedendo separação legal ou por presunção de ruptura da vida em comum.

Na Suécia, o único fundamento atendível é a vontade de um ou ambos os cônjuges em obter o divórcio, sendo certo que nem mesmo a oposição do cônjuge que não concorde pode impedir o divórcio. Exige-se, porém, o decurso de um período de reflexão de seis meses entre a data de entrada do requerimento e o decretamento do divórcio. O divórcio pode ter origem, ainda, a requerimento do Procurador do Reino, com fundamento em violência, bigamia ou consanguinidade.

Em todos os casos, porém, não se concede qualquer relevância à culpa para efeitos patrimoniais, pautando-se a partilha e o equivalente às pensões de alimentos e prestação compesatória por critérios de *clean break* e juízos de equidade.

4.2. O(s) divórcio(s) na *common law*

As reformas levadas a cabo nos países de *common law* no sentido de transformar o divórcio de base culposa num divórcio *no-fault* já foram apelidadas de "revolução silenciosa", porquanto não resultaram de mobilizações políticas ou sociais, antes foram levadas a cabo, na prática, pelos advogados, juízes e pelos técnicos sociais que actuam no âmbito do direito da família, que foram casuisticamente considerando o divórcio basea-

---

foi diminuto está no facto de as leis relativas ao casamento terem sido totalmente secularizadas e o papel da Igreja, restrito à esfera privada. A excepção é a Finlândia, país de raiz não germânica, no qual a Igreja teve um papel predominante de oposição à liberalização MELBY, KARI, Liberalisation of divorce - a Nordic model? Senter for kvinne-og kjonnsforskning, Institutt for tverrfaglige kulturstudier, NTNU, (URL: http://uit.no/ht/sum/013-1.html,ac.02/11/2002.).

do na culpa demasiado complexo, inconsistente e injusto quanto aos resultados[107].

Foi o que sucedeu nos E.U.A. e na Austrália e, de alguma forma, também no Reino Unido, como adiante veremos. A excepção é a Irlanda, que só em 1997, depois de dois referendos e de uma indispensável alteração à Constituição, introduziu o divórcio.

Na referência aos sistemas de raiz *common law* optamos por incluir apenas o direito europeu, evitando, assim, analisar os sistemas em vigor nos E.U.A.[108] e na Austrália[109] e Nova Zelândia, que seguem fundamentalmente o modelo inglês[110].

---

[107] BURLEY, JENNY/REGAN, FRANCIS, Divorce in Ireland. International Journal of Law, Policy and the Family, 16 Agosto 2002, Nr.2, pp. 203-204.

[108] Uma análise da legislação estadunidense relativa ao divórcio implicaria uma análise aos diversos regimes vigentes em cada um dos 50 estados e, ainda, no distrito de Columbia, tarefa que se revela impossível no âmbito deste trabalho, tanto mais que os específicos regulamentos de cada um destes estados mudam, certamente, mais depressa do que escrevemos.

Suficiente será dizer, no entanto, que em todos os estados existem fundamentos *no--fault* para o divórcio, muito embora alguns tenham mantido fundamentos baseados na culpa.

Os critérios *no-fault* são, normalmente, além da ruptura irremediável do casamento como critério base (ou único), a separação voluntária por determinado período de tempo ou a completa incompatibilidade de temperamentos. Utilizam-se, ainda, por vezes, critérios *no-fault* conjugados entre si ou com critérios de culpa. Há, ainda, casos sui generis, como o do estado de Louisianna, onde o único critério *no-fault* é simplesmente o desejo de qualquer dos cônjuges de requerer o divórcio, mas, são mantidos, a par deste, critérios baseados na culpa, como o adultério ou a prisão de um dos cônjuges.

Critérios baseados na culpa ou gerais, como também são designados, são, por exemplo, a incapacidade física incurável, o adultério, o abandono, o uso de álcool ou drogas, a prisão, os maus tratos físicos, a incapacidade para consumar o casamento ou a impotência, a falta de auxílio moral ou material, a insanidade incurável, o incesto, a gravidez da mulher desconhecida do marido, a bigamia, a tentativa de homicídio, o contágio do cônjuge com doença ou, em geral, tratamento cruel e desumano.

No que respeita às consequências patrimoniais do divórcio, a maioria dos estados adoptam o critério da *equitable distribution*. No entanto, em alguns, a culpa pode ser levada em consideração como critério de distribuição da propriedade a seguir ao divórcio e também na determinação da pensão de alimentos.

Noutros, no entanto, a ponderação da culpa nestas matérias não é contemplada ou é mesmo proibida pela lei, ou permitida apenas para ponderação da pensão de alimentos ou partilha.

Ver, por todos, SITARZ DANIEL, *Laws of the United Sates - Divorce*. Nova Publishing Company, Março 1999 e KRAUSE, HARRY D., *Family Law - Cases, comments and questions*. 2.ª edição. St. Paul, Minnesota: West Publishing CO., 1983, American Casebook Series.

[109] Na Austrália, a *Section* 48(1) do *Family Law Act* publicado em 1975 institui como único fundamento para o divórcio a ruptura irremediável do casamento, presumida *iuris tantum* por um período de separação de facto.

A separação pode ter-se ficado a dever à conduta de uma das partes ou de ambas e pode considerar-se que existe separação de facto mesmo que os cônjuges continuem a habitar na mesma residência (*separation under one roof*) ou que um dos cônjuges preste auxílio pessoal ou material ao outro.

Logo que o divórcio seja decretado de forma definitiva, as partes devem, no prazo de um ano, submeter ao Tribunal os seus acordos relativos à partilha da propriedade comum e a alimentos, acordos que o Tribunal deverá homologar apenas se os considerar justos e equitativos. Para tal, tomará em consideração, no que respeita à partilha, a contribuição feita por cada um dos cônjuges para a aquisição, conservação ou benfeitorias realizadas nos bens objecto do acordo e a contribuição de cada um deles para o bem estar material e pessoal da família, e, no que respeita a alimentos, a idade e estado de saúde das partes, os seus rendimentos e a sua capacidade para os gerar, o facto de terem ou não ao seu cuidado crianças de idade inferior a 18 anos, as responsabilidades financeiras assumidas, a duração do casamento e o seu efeito na capacidade de ganho de cada um dos ex--cônjuges.

Os alimentos devidos aos filhos são também apreciados pelo Tribunal tendo em conta aqueles factores, sem quaisquer considerações directas de culpa ou contribuição para a ruptura da relação matrimonial, muito embora a lei deixe margem ao Tribunal para pesar qualquer facto ou circunstância que, no caso concreto, deva ser tomado em consideração. Ver, para uma análise mais aprofundada, DALBY, ROSEMARY; DAVID BARKER, editor, *Essential Family Law*. 2.ª edição. Cavendish Publishing (Australia), 2001, p. 28 ATKIN, BILL, *The Rights of Married and Unmarried Couples in New Zealand: Radical New Laws on Property and Sucession*. Agosto 2002 (URL: HTTP://www.jus.uio.no,aced.09/09/2002). Ver também, sobre a evolução do direito da família na Austrália, PARKER, STEPHEN, *New Balances in Family Law*, International Society of Family Law, 10th World Conference, Julho 2000 (URL.:http://www.qu.edu.au/centre/flru/home.htm,aced.10/09/2002).

[110] A legislação neo-zelandesa distanciou-se, no entanto, ligeiramente das legislações inglesa e australiana no que se refere à redistribuição da propriedade uma vez terminado o casamento, na medida em que não confere ao Tribunal poderes tão discricionárias como as primeiras, preferindo um sistema simples de divisão em partes iguais.

Todavia, em 2001, o *Matrimonial Property Act* de 1976 foi sujeito a uma reforma extensa, que incorporou também princípios de não discriminação em função da orientação sexual e *marital status* (casamento v. união de facto), concedendo agora aos Tribunais poderes mais amplos na redistribuição do património comum com base em noções de dis-

4.2.1. Reino Unido

No Reino Unido, até à introdução do *Divorce Reform Act* de 1969, a lei seguiu os cânones da Igreja, banindo o divórcio de forma geral.

Todavia, a lei foi abrindo, em vários casos, situações excepcionais em que o divórcio era, de facto, permitido[111].

No século XVIII instituiu-se o divórcio "*by act of Parliament*", procedimento que, além de extraordinariamente moroso e dispendioso - ficando, assim, circunscrito praticamente à alta aristocracia-, foi largamente criticado.

Em resposta a tais críticas, o *Matrimonial Causes Act* de 1857 criou um Tribunal específico, competente para decidir em matéria de divórcio e outras questões matrimoniais, e atribuiu-lhe o poder de dissolver o vínculo conjugal, se o cônjuge peticionante lograsse provar que o cônjuge peticionado cometera adultério e desde que provasse estar livre de qualquer culpa matrimonial e não existir conluio entre as partes[112].

Foi assim pela primeira vez instituído o divórcio, limitado embora ao cônjuge vítima de adultério e livre de culpa.

Este conceito foi sofrendo alterações com o decurso do tempo, mas só em 1923 se veio a permitir que a mulher pedisse o divórcio com base nos mesmos fundamentos que eram facultados ao marido.

Em 1937, os fundamentos de divórcio foram alargados de forma a incluir a crueldade, o abandono e a insanidade incurável, não se prevendo ainda qualquer hipótese de divórcio por mútuo consentimento ou sem culpa[113][114]. A esta concepção deu-se o nome de *matrimonial offence law*.

---

paridade económica, possibilitando uma divisão mais equitativa dos bens em casos em que a capacidade de ganho ou o património de uma das partes tenha ficado desfavorecido em função da coabitação.

[111] RODRIGUES, pp. 261 e ss..

[112] CRETNEY, STEPHEN M., *Family Law*, 3.ª edição. Londres: Sweet & Maxwell, 1997, pp. 40 e ss..

[113] Excepto existindo doença mental incurável.

[114] CRETNEY.

A viragem crucial deu-se apenas em 1966, com a publicação do relatório de uma Comissão encabeçada pelo Arcebispo da Cantuária encarregada de estudar a administração e os efeitos da lei matrimonial, intitulado *Putting Asunder*, relatório que favoreceu, como o menor de dois males, a substituição da doutrina da *matrimonial offence* pela doutrina da ruptura ou *breakdown* do casamento.

Foi este relatório que precipitou o *Divorce Reform Act* de 1969, que apenas entrou em vigor em 1971. Este normativo consagra um sistema de divórcio consubstanciado no princípio de que, quando o casamento esteja em ruptura definitiva, o divórcio deverá ser capaz de o fazer terminar de forma justa e limpa[115].

Em 1996, o *Family Law Act* veio tentar pôr fim à insatisfação criada pelo *Reform Act*, criticado por não entender o divórcio como um processo evolutivo que vem a culminar na ruptura do casamento e por não preparar as partes para os aspectos práticos, sociais e emocionais do divórcio, como a dissolução do lar, a partilha dos bens, as responsabilidades relativas aos filhos, etc..

A ruptura definitiva continuou a ser o fundamento básico do divórcio, instituindo-se porém um período de preparação e reflexão obrigatório.

O princípio norteador de todo o normativo é o de identificar os casamentos que ainda possam ser salvos e ajudar a mantê-los e, caso venham a gorar-se esses esforços, minimizar as consequências da ruptura, designadamente no que se refere às crianças. As partes são, ainda, encorajadas a auto-regular as consequências do divórcio, ao nível patrimonial e ao do futuro das relações com os filhos, com a ajuda de conciliadores ou mediadores familiares[116].

---

[115] "*when, regrettably, a marriage has irretrievably broken down, [the divorce should seek] to enable the empty legal shell to be destroyed with the maximum fairness, and the minimum bitterness, distress and humiliation*". CRETNEY, pp. 43 e ss.

[116] Figura que foi recentemente adoptada entre nós. O Gabinete de Mediação Familiar foi criado através de um protocolo de colaboração entre o Ministério da Justiça e a Ordem dos Advogados, pelo Despacho no 12368/97, publicado no Diário da República - II Série, de 9 de Dezembro, actuando em situações de divórcio e de separação, nas

O processo para obtenção do divórcio é complexo, envolvendo quatro fases:
1. o cônjuge (ou ambos) tem de, em primeiro lugar, comparecer numa reunião informativa;
2. depois, dentro de um prazo de três meses após ter comparecido na reunião, um deles (ou, mais uma vez, ambos) terá de assinar uma declaração de ruptura matrimonial, através da qual afirma:
   a. a sua convicção na ruptura irremediável da relação matrimonial,
   b. conhecer a obrigatoriedade e o propósito do período de reflexão que se segue;[117]
3. este período de reflexão obrigatório pode ir de aproximadamente nove meses até um máximo de dezoito;
4. e, finalmente, formalizar os acordos quanto às questões que o divórcio levantará, nomeadamente, patrimoniais e de poder paternal e assistência aos filhos, com recurso, se necessário, à mediação familiar e com a assistência do Tribunal no que se refere, essencialmente, às disposições relativas aos filhos do casal.

Cumpridos todos estes passos, os (ou um dos) cônjuges declararão ao Tribunal que reflectiram sobre a crise matrimonial e sobre as suas consequências para o futuro e que consideram a ruptura irremediável - após o que se produzirá a "ordem" ou sentença de divórcio.[118][119]

---

questões relativas aos filhos, com o objectivo de "promover o diálogo e a capacidade negocial", e "garantir a continuidade das relações entre pais e filhos", "promover a responsabilização de ambos os pais pela educação e bem estar dos filhos", "contribuir para a realização pessoal e parental dos membros do casal", "evitar a exposição pública das questões pessoais e familiares", "evitar a morosidade e a complexidade dos processos judiciais", "obter um acordo criado por ambos os membros do casal". Infelizmente, não se conhecem estatísticas relativas ao funcionamento destes gabinetes.

[117] Uma vez assinada por um dos cônjuges, tal declaração só pode ser revogada com o acordo de ambos. O que significa, também que se um dos cônjuges realizar a declaração, o outro poderá pedir o divórcio com base na declaração do primeiro, findo o período de reflexão, ainda que este tenha, depois, mudado de ideias. CRETNEY, p. 47.

[118] CRETNEY, pp. 48-49.

[119] Esta ordem só não se produzirá se houver uma "ordem contra o divórcio" emitida pelo Tribunal, a requerimento do outro cônjuge, com fundamento em que do divórcio

Ao lado deste sistema *no fault*, a legislação do Reino Unido manteve fundamentos de divórcio baseados na culpa[120], que são, essencialmente, o adultério, o comportamento ofensivo dos direitos do outro cônjuge e o abandono por um período de dois anos, muito embora estes fundamentos estejam tecnicamente concebidos apenas como presunções de *irretrievable breakdown*[121].

Este sistema não está, porém, isento de críticas. Ao invés, tem sido duramente censurado por aumentar os riscos de *hostile litigation*, depositar demasiada confiança no papel da mediação e ter expectativas irrealistas acerca do comportamento humano, no que se refere à capacidade de indivíduos que atravessam uma crise pessoal tão devastadora como é a ruptura da relação matrimonial reagirem de forma ponderada de forma a reflectirem sobre a possibilidade de salvar o casamento e a chegarem a acordo sobre o seu futuro financeiro e o das suas relações com os filhos[122].

Se todo o procedimento resultante da vontade dos cônjuges, tendente ao divórcio, está livre de quaisquer considerações de culpa, o mesmo já não acontece no que diz respeito às decisões que o Tribunal pode tomar quanto às disposições para o futuro dos cônjuges, no que respeita às relações patrimoniais, aos filhos e ao sustento destes.

De facto, pese embora o espaço que, propositadamente, o Family Law Act entrega aos cônjuges para regularem as suas relações futuras, é deixado ao Tribunal um leque muito amplo de poderes em matéria dos efeitos patrimoniais do divórcio, ao ponto de poder dispor quase totalmente do património dos cônjuges, para além de poder tomar decisões em

---

resultariam graves consequências financeiras para o cônjuge requerido ou para filhos do casal. Trata-se, no entanto, de uma ocorrência muito rara, Cfr. com o que sucede no direito alemão, supra 4.1.2, página 58 e francês, supra 4.1.3, página 63.

[120] *Section 1 Matrimonial Causes Act* 1973.

[121] Ver BAINHAM, ANDREW, *Men and Women Behavin Badly: Is Fault Dead in England?* Julho 2000 (URL: http://www.qu.edu.au/centre/flru/home.htm,aced.10/09/2002), p. 4, nota 8.

[122] A alternativa ao divórcio existe na hipótese de se obter do Tribunal uma "ordem" de separação, a requerimento de um ou ambos os cônjuges.

matéria de alimentos (sob a forma de pagamentos periódicos, que pode mesmo chegar à criação de fundos, utilizando o capital disponível, mas sempre e apenas pelo tempo considerado indispensável para que o outro cônjuge possa recuperar a independência financeira) e de relações com os filhos.

O objectivo dos poderes atribuídos ao Tribunal é o de assegurar a distribuição mais equitativa, noção na qual não deixam de pesar fortemente considerações acerca do comportamento dos cônjuges e da contribuição de cada um deles para a ruptura da relação matrimonial[123][124].

4.2.2. República da Irlanda

A realidade irlandesa merece referência especial pela sua especificidade.

Na realidade, só em Fevereiro de 1996 é que a legislação irlandesa veio permitir o divórcio[125], tendo sido necessária uma alteração à

---

[123] CRETNEY, pp. 65 e ss..

[124] "*Mme. RUBELLIN-DEVICHI: [...] Il faut savoir aussi que le droit anglais, qui va vers un fiasco total en essayant de créer un divorce par médiateur (cela coûte tellement cher que cela fait deux fois que la loi est reportée), compense le dommage subi, c'est-à-dire par celui qui n'a pas été adultère ou violent avec les enfants. Cela veut dire qu'en Angleterre, on ne partage pas les biens selon un régime matrimonial: le juge decidirá que monsieur - je le dis au hasard - attribuera ou laissera la maison dans laquelle les deux époux habitaient à l'épouse et que les enfants seront exclusivement confiés à l'épouse, surtout si elle peu arriver à alléguer des violences et des adultères. C'est bien la faute qui est réintroduite d'une façon qui, à mon avis, n'est même pas très juste pour l'autre.*" (Note-se também que o direito inglês, que caminha em direcção a um fiasco total na tentativa de criação de um divórcio por mediação, compensa o cônjuge não culpado de adultério ou de violência. O que quer dizer que, em Inglaterra, não se partilham os bens através de recurso às regras do regime matrimonial: ao invés, o juiz decidirá que o marido - ou o inverso - atribuirá a casa de morada da família e que os filhos serão confiados à mulher, sobretudo de ela tiver logrado provar violência e adultério. É assim que a culpa é reintroduzida, de forma nada justa."). LARCHÉ, p. 32.

[125] A verdade é que o divórcio nem sempre foi proibido na Irlanda. Era permitido nos mesmos termos em que o permitia a lei inglesa, tendo sido banido em 1937 pelo texto de uma nova Constituição. BURLEY/REGAN, p. 204.

Constituição após um difícil e publicamente controverso processo, que passou por dois referendos, um em 1986 e, o outro, em 1995 e enfrentou ferocíssima oposição da comunicação social, da Igreja e do próprio Parlamento irlandês.

O *Family Law (Divorce)* Act 1996, de 27 de Fevereiro, veio finalmente autorizar o divórcio na República da Irlanda.

O único fundamento atendível é a separação de facto, sem considerações de culpa, muito embora se exija um período de *living apart* longo antes que os cônjuges possam requerer o divórcio: os cônjuges terão de ter vivido separadamente - de forma seguida ou interpolada - em pelo menos quatro dos cinco anos anteriores ao início do processo, exigindo-se, ainda, que não haja probabilidade razoável de reconciliação e que esteja assegurado o bem estar económico de ambos os cônjuges e de quaisquer membros dependentes da família.

O procedimento tendente ao divórcio não é publico[126] e é particularmente complicado. Exige que os profissionais intervenientes (os *barristers* ou *solicitors*) tentem reconciliar os cônjuges, os aconselhem, uma vez precludida a hipótese de reconciliação, a tentar a mediação familiar, lhes forneçam uma lista de mediadores para esse fim e discutam com eles as alternativas, ou sejam, a separação judicial ou um acordo escrito de separação. Finalmente, e antes que o caso possa ser levado a Tribunal, os representantes de ambas as partes têm de certificar que foram cumpridas todas as etapas e que os cônjuges estão de posse de todas as informações relevantes[127].

No que se refere aos efeitos do divórcio, os juízes têm amplos poderes, quer em matéria de regulação do poder paternal, visitas e alimentos relativamente a filhos menores, quer quanto aos efeitos patrimoniais, nomeadamente, divisão dos bens comuns, alimentos devidos aos ex-cônjuges e destino da casa de morada da família.

Os critérios de que o Tribunal se pode valer nestas decisões estão especificados na Section 20 do Divorce Act 1996 e entre eles **inclui-se a**

---

[126] Tem lugar *in chamber*.
[127] BURLEY/REGAN, 202-222.

conduta dos cônjuges, noção que, há semelhança do que acontece no Reino Unido, introduz uma abertura à averiguação e valoração de comportamentos culposos.

A culpa, não sendo considerada para efeitos de decretamento do divórcio, acaba, assim, na prática, por ser valorada para efeitos patrimoniais. O que é grave, a nosso ver, é que, mais uma vez, esta valoração é subjectiva e não está ancorada em critérios legais, mas acaba por ter um peso desadequado, tendo em conta que, na *common law*, as decisões jurisprudenciais dos tribunais comuns são fonte directa de direito.

Os outros critérios atendíveis fixados na lei são a capacidade para a obtenção de rendimentos, as necessidades próprias e as responsabilidades financeiras assumidas, o estilo de vida de que a família usufruia antes do divórcio, a idade dos cônjuges, a duração do casamento, eventuais deficiências físicas ou mentais dos cônjuges e/ou dos filhos do casal, contribuição de cada um dos cônjuges para o bem estar da família, incluindo o efeito que a decisão de tomar a cargo o cuidado do lar e dos filhos tenha tido na capacidade de ganho de um qualquer dos cônjuges, o valor de qualquer pensão ou outro benefício auferido e, por último, os direitos de terceiros, incluindo o cônjuge de um segundo casamento[128].

A principal diferença entre a legislação irlandesa e a restante legislação da *common law* aparece precisamente na esfera dos efeitos patrimoniais do divórcio. É que nesta matéria vigora na Irlanda um regime de *no clean break*. Isto significa que não há qualquer restrição a que os ex-cônjuges, caso as suas circunstâncias se modifiquem, venham requerer alterações às decisões relativas à partilha, a alimentos, a pensões ou a compensações patrimoniais.

A ideia fundamental é a de manutenção dos direitos e deveres entre os cônjuges mesmo após o divórcio, de forma a permitir que eles se mantenham na mesma situação em que estariam caso o divórcio não tivesse ocorrido[129].

---

[128] MARTIN, FRANK, From Proihibition to Approval: the Limitations of the "No Clean Break" Divorce Regime in the Republic of Ireland International Journal of Law. Policy and the Family, 16 Agosto 2002, Nr. 2, pp. 231-232.

[129] MARTIN, 223-259.

5. O DIVÓRCIO EM PORTUGAL: EVOLUÇÃO.

O divórcio veio a ser introduzido em Portugal, após mais de uma década de apaixonado debate[1] e em consequência directa do triunfo da revolução de 5 de Outubro de 1910, pelo Decreto de 3/11/1910, a que nos referiremos pelo nome por que é vulgarmente conhecido, i.e., *Lei do Divórcio*.

O velho Código de Seabra[2] admitia apenas a separação judicial de pessoas e bens - o casamento era concebido como um contrato perpétuo, dissolúvel apenas por morte[3][4][5].

A Lei do Divórcio[6] veio alterar este estado de coisas, estatuindo no artigo 1º que "O casamento dissolve-se: 1º - Pela morte de um dos cônjuges; 2º - Pelo divórcio."[7].

---

[1] Ver o que descreve SANTOS, p. 366.

[2] Nas palavras de MANUEL DE ANDRADE, "[...] obra de escasso valor técnico, mas de notável valor substancial para o condicionalismo do tempo.". ANDRADE MANUEL DE, Sobre a recente evolução do direito privado português. Boletim da Faculdade de Direito, XXII 1946, p. 285.

[3] SANTOS, p. 366.

[4] As nossas fontes foram aqui, fundamentalmente, COELHO, *Curso* ... 1965, pp. 440 e ss.. e COELHO/OLIVEIRA/RAMOS, pp. 586 e ss., pelo que, excepto nos casos em que expressamente se citem outros autores ou seja recomendável uma referência específica, consideramos feito aqui genericamente o devido reconhecimento.

[5] HÖRSTER, *A parte Geral* ..., Fontes do Direito Civil Português, pp. 117 e ss.

[6] Que introduziu também, em matéria de direito da família, o casamento civil obrigatório e a obrigatoriedade de registo civil, como parte de um pacote legislativo aprovado

A Lei - na época, uma das mais avançadas da Europa[8][9][10] - previa já as duas formas de divórcio que ainda hoje caracterizam o direito português: o divórcio litigioso, por causas subjectivas, culposas (abandono,

---

logo após a implantação da 1a República, com preocupações de alargamento dos direitos dos cidadãos e de clara e imediata separação entre a Igreja e o Estado. Repara-se, aliás, que a lei foi promulgada a 3 de Novembro, antes mesma da Constituição do novo Parlamento, o que demonstra a pressão pública que se fez sentir. O direito ao divórcio vinha, aliás, sendo objecto de polémica acesa pelo menos desde 1900, data em que foi apresentado ao Parlamento um projecto de lei visando a liberalização do divórcio, projecto que veio a ser rejeitado. Ver TORRES, *Divórcio em Portugal*, pp. 31 e ss.

[7] Aliás, o Decreto n.1 de 25 de Dezembro de 1910, que regula o regime do casamento, é muito claro quanto à orientação que subjaz às leis republicanas da família: "Este contrato [de casamento] é puramente civil e presume-se perpétuo, sem prejuízo da sua dissolução por divórcio (...).". Ver RODRIGUES.

[8] Ver supra 4.1, pp. e ss..

[9] Nas palavras de ANÁLIA CARDOSO TORRES, que efectuou um exaustivo levantamento sobre as os factores que teriam, na época, contribuído para a mudança na lei (ANÁLIA CARDOSO TORRES e CRISTINA LOBO, *Divórcio na I República - Vidas Íntimas e Histórias Públicas de Uma Época*, Lisboa, CIES, 1984), o divórcio em Portugal teve, no início do século XX, acérrimos defensores, como os advogados Alberto Bramão e Loff de Vasconcelos, o deputado Reboredo Sampaio e a feminista Ana de Castro Osório. A ideia base desta luta pela instituição do divórcio estava no entendimento do casamento como empreendimento humano dissolúvel - numa perspectiva contratualista do casamento -, ao invés de como sacramento indissolúvel. A ideia de racionalidade, que devia garantir o direito a fazer terminar casamentos infelizes, contrapunha-se à ideia de conformação ao destino. Uma preocupação fundamental era também de carácter moralizador - a de pôr termo às situações de ilegitimidade que muito frequentemente atingiam os filhos daqueles que, não podendo divorciar-se, contraíam novas uniões à margem da lei. A necessidade de separação entre a Igreja e o Estado foi também uma preocupação - ainda que de cariz mais político - que esteve por detrás desta batalha. A verdade, porém, é que "A lei do divórcio é saudada pelos interessados com entusiasmo, mas o seu aparecimento deve-se mais à pressão ideológica de alguns sectores intelectuais que protagonizaram a República do que à pressão de um grande número de situações "ilegítimas" que exigiam regulamentação. O casamento civil obrigatório e o direito ao divórcio fazem parte de um programa mais vasto de reivindicações laicas, de gente ilustre. Trata-se também, na altura, de um direito reclamado por sectores limitados e bem demarcados da sociedade portuguesa." TORRES, *Divórcio em Portugal*, pp. 32 e ss.

Ver também o que relata CARVALHO, pp. 22 e ss.

adultério, injúrias graves, sevícias) e, também - consagrando já um sistema de divórcio-remédio - objectivas, não culposas (separação[11], ausência sem notícias, loucura incurável ou outras doenças); e o divórcio por mútuo consentimento, que se consentia com "o fim altamente moralizador de conservar ocultas as causas que o determinam, mantendo o bom nome e a reputação dos cônjuges"[12][13].

Apesar das tentativas levadas a cabo pelas alas mais conservadoras da Assembleia Nacional para restringir consideravelmente ou mesmo suprimir o divórcio[14], a Lei do Divórcio manteve-se em vigor, sem alterações de monta, até à Concordata de 1940 celebrado entre o Estado Português e a Santa Sé, a qual veio vedar aos cônjuges que optassem por casar catolicamente a partir de 1/08/1940 a possibilidade de requererem o divórcio, mantendo-se, no restante, a admissibilidade do divórcio nos mesmos termos que vinham sendo admitidos no direito civil.

Refira-se que desde 1910 só era permitido em Portugal o casamento civil, sendo que ao matrimónio religioso não era atribuída eficácia legal, senão a que eventualmente poderia resultar dos efeitos atribuídos pela lei ao casamento putativo, caso o matrimónio assim celebrado viesse a ser considerado simplesmente nulo, ao invés de inexistente, pelo que a mais significativa alteração introduzida por força da Concordata foi a de se atribuir validade civil aos casamentos celebrados catolicamente, mesmo

---

[10] Também CARVALHO, pp. 22, citando VIRGÍLIO LOPES (in Polis, Vol. 2, Divórcio, 1984, pp. 655-656), refere que a introdução do divórcio se traduziu "mais como uma afirmação de força contra a Igreja por parte do Poder Civil do que como resposta a uma exigência verdadeiramente social".

[11] Na determinação da qual não relevava a culpa que pudesse ser imputada ao cônjuge requerente, ao contrário do que consagra hoje o artigo 1782o/2 do CC.

[12] Como se dizia num dos considerando dos decretos que vieram, já na presidência de Sidónio Pais, permitir também a separação judicial de pessoas e bens por mútuo consentimento. *Apud* COELHO/OLIVEIRA /RAMOS, p. 586, nota 13.

[13] Um dos elementos mais avançados consistiu justamente na previsão de divórcio por mútuo consentimento. Ver TORRES, *Divórcio em Portugal*, p. 32.

[14] Ver SANTOS, p. 367 e também CARVALHO, pp.33 e ss.

que anteriormente à Concordata[15][16]. A segunda alteração significativa foi, então, a de proibir a dissolução por divórcio dos casamentos católicos - celebrados em data posterior à Concordata - nos tribunais civis, aplicando assim um duro golpe no divórcio, praticamente equivalente à respectiva abolição[17][18].

A solução da Concordata baseava-se na presunção de que os cônjuges, querendo celebrar casamento católico, se sujeitavam ao regime canónico, renunciando à faculdade civil de virem a divorciar-se[19].

MANUEL DE ANDRADE, porém, cedo apontou duas graves objecções ao regime. A primeira, a de que não deveria ser admissível tal renúncia antecipada dos cônjuges, particularmente tratando-se de relações familiares pessoais e de um direito tão importante como o de vir a requerer o divórcio, tanto mais que, como refere o Autor, podia acontecer que as convicções religiosas que os cônjuges tinham à data da celebração do casamento viessem, entretanto, a alterar-se. A segunda, a de o real fundamento da proibição resultante da Concordata não era o respeito pelas convicções religiosas dos cônjuges - até porque estas, a existirem, sempre por si mesmas os impediriam, em consciência, de vir a requerer o divórcio -, mas na convicção do legislador do carácter socialmente nefasto da insti-

---

[15] Efeitos retroactivos que operavam assim que fosse lavrada no registo civil a respectiva transcrição.

[16] ANDRADE, pp. 322-323.

[17] ANDRADE, p. 326.

[18] Com isto "Quebra-se, como dizem alguns juristas, a unidade do sistema matrimonial português criada pela I República. [...] As vozes que no período da República se tinham insurgido contra a aprovação da lei do divórcio encontram agora no regime salazarista a expressão ideológica plena das ideias que defendiam.[...] Um indicador claro do efeito da nova regulamentação é a evolução do numero de divórcios. Se entre 1929 e 1940 este número é de 846, em média anual, em 1946 ele sobre ainda para os 1181, para descer a partir desta data até aos 509 em 1970. Na verdade, o casamento católico, apesar de alguma variação regional, é a forma do casamento escolhida pela esmagadora maioria dos portugueses nessa época. Mas, em em contrapartida, sobem no mesmo período as separações judiciais de pessoas e bens - de 373, em 1959, elas passam a 878, em 1974.". TORRES, *Divórcio em Portugal*, p. 35.

[19] Cfr. artigo 24º da Concordata (19º, na redacção de 2004). Ver RODRIGUES, p.6.

tuição. Ora, nesta lógica, a proibição do divórcio deveria estender-se a todos os casamentos, não apenas aos celebrados catolicamente[20][21].

O Código Civil de 1966[22], que, no artigo 1970o, transcreveu o princípio da indissolubilidade do casamento católico introduzido pela Concordata, representou um passo atrás no regime divorcistico português[23][24].

---

[20] ANDRADE, p. 327.

[21] Estes argumentos, como refere PEREIRA COELHO, são semelhantes aos que, três décadas mais tarde, viriam a ser invocados no preâmbulo do DL 261/75, de 27 de Maio, o qual, no seguimento do Protocolo Adicional à Concordata, viria a revogar o artigo 1790o do CC. COELHO, *Casamento e Divórcio no Ensino de Manuel de Andrade ...*, pp. 14-16.

[22] Que, no artigo 1577º, veio definir o casamento como "o contrato celebrado entre duas pessoas de sexo diferente que pretendem constituir *legitimamente* família mediante uma comunhão plena de vida.". Nosso enfatizado. O advérbio de modo já não consta, hoje, da redacção do artigo, tendo sido eliminado com a Reforma de 77.

[23] Apesar da criação, em 1965, do Movimento Pró-Divórcio, fundado com o objectivo de conseguir uma mudança na lei, com fundamento no aumento das situações de ilegitimidade de filhos nascidos de pessoas que, impossibilitadas de obter o divórcio, ainda assim constituiam novas famílias. TORRES, *Divórcio em Portugal*, p. 37.

[24] CARVALHO, pp. 39 e ss. condena fortemente a inspiração e a redacção do Código Civil de 1966, que, considera, foi "Seguramente influenciado pela máxima, "Homens ao trabalho, Mulheres à cozinha"", consagrando "[...] um verdadeiro primado do *pater familias* ao arrepio, aliás, da conjuntura histórica então vivida", e representou " [...] a vitória de um moralismo bacoco e provinciano, apostado em limitar os direitos das mulheres (especialmente das casadas), e a cercear quaisquer tentativas da sua emancipação jurídica, social, profissional ou política.".

A Autora condena sobretudo normas como as da alínea e) do artigo 1636o, que consagrava como cláusula de anulabilidade do casamento a constatação pelo marido de que a mulher não era virgem, o número 1 do artigo 1686o, que proibia à mulher casada o exercício do comércio sem o consentimento do marido e a norma do número 2 do artigo 1676o, que permitia ao marido denunciar, a todo o tempo, o contrato de trabalho celebrado pela esposa com uma entidade patronal privada, o número 1 do artigo 1672o, que prescrevia que a mulher devia adoptar a residência do marido, e as normas do artigo 1674o e do número 1 do artigo 1678o, que atribuiam ao marido a qualidade de "chefe da família", que representava a mulher e decidia sozinho em todos os actos da vida conjugal e administrava os bens do casal, incluindo os bens próprios da mulher e os bens dotais.

O Código veio consagrar - para os casamentos civis -, quanto ao divórcio litigioso, um sistema sancionatório puro com a eliminação das causas de divórcio-remédio introduzidas pela Lei de 1910. No que respeitava ao divórcio por mútuo consentimento, o Código prescrevia, com o "manifesto intuito de pugnar pela estabilidade da família"[25], que os cônjuges fossem forçados a requerer em primeiro lugar a separação judicial de pessoas e bens[26], a qual, a manter-se durante três anos, seria então convertível em divórcio, permitindo-se ainda ao Tribunal forçar os cônjuges à separação, mesmo que o pedido fosse o de divórcio, quando entendesse que as circunstâncias do caso desaconselhavam a dissolução do matrimónio (artigo 1794º).

Os casados catolicamente podiam apenas[27] - nos termos da lei civil - requerer a separação judicial de bens - sempre litigiosa - ou requerer a separação judicial de pessoas e bens, nunca convertíveis em divórcio.

Com a queda da ditadura, prontamente se iniciaram negociações com a Santa Sé tendentes à revisão da Concordata[28][29], que culminaram no

---

[25] VARELA, *Direito da Família*, p. 473.

[26] Que, em contrapartida, passou a poder ser requerida litigiosamente ou por mútuo consentimento.

[27] Para além do recurso às figuras previstas no direito canónico, como a da declaração de nulidade do casamento ou a dispensa de casamento rato não consumado.

[28] "Dois meses depois do 25 de Abril de 1974 uma comissão do Movimento pró-divórcio entrega em Belém um documento com 51 000 assinaturas, as primeiras de um conjunto de cem mil, pedindo a revogação da cláusula da Concordata e do citado artigo do Código Civil, que impedia a dissolução dos casamentos católicos. [...] A este primeiro acto público segue-se uma série de outras iniciativas. Ao longo de vários meses os apoiantes do movimento descem à rua, fazem manifestações e comícios que envolvem milhares de pessoas. A movimentação só termina em Fevereiro de 1975, quando Salgado Zenha, ministro da Justiça do IV Governo Provisório, vai à Santa Sé para renegociar o artigo da Concordata em causa.". Dos argumentos invocados ressaltam, mais uma vez, a questão das ilegitimidades que resultam das situações de mancebia e a questão da separação da Igreja dos assuntos do Estado e dos direitos comuns dos cidadãos. Não se trata, porém, ao contrário do que acontece na época da I República, de uma nova ética, mas da expressão do desejo de acabar com situações de infelicidade profunda causadas por estados socialmente estigmatizantes. Daí o significado de algumas das expressões utilizadas pelos manifestantes: "Democracia sem divórcio é uma farsa" e "Amnistia para os presos da

Protocolo Adicional assinado em Fevereiro de 1975[30], o qual, alterando o texto da Concordata, veio permitir aos cônjuges casados catolicamente a faculdade de requererem o divórcio perante os Tribunais civis, muito embora se reafirmasse a indissolubilidade do casamento do ponto de vista da Igreja e o "grave dever" de consciência que pesa sobre os casados catolicamente de não virem a divorciar-se civilmente. Em consequência, o artigo 1790º do CC foi revogado pelo Decreto-Lei 261/75, de 27 de Maio, tendo sido revogado, bem assim, o citado artigo 1794º. O Decreto manteve o sistema de casamento civil facultativo para os católicos, embora determinando que, qualquer que tenha sido a forma da respectiva celebração, uma vez celebrado ele passa a ser regido unicamente por uma única lei, a civil.

Este Decreto renovou a faculdade de os cônjuges requererem directamente o divórcio por mútuo consentimento e eliminou o período obrigatório de três anos para que a separação pudesse ser convertida em divórcio, tendo ainda introduzido uma nova causa de divórcio - o decaimento em acções de divórcio ou separação em que tivessem sido feitas imputações ofensivas da honra e dignidade do outro cônjuge - e ressusci-

---

Concordata", "Basta de tortura" ou "A lei que proíbe o cidadão de viver legalmente é a pior ditadura". TORRES, *Divórcio em Portugal*, p. 37; p. 39.

[29] Ver ainda CARVALHO, pp. 45 e ss..

[30] Cujo texto integral consta do Decreto n.o 187/75, de 4 de Abril: "A Santa Sé e o Governo Português, afirmando a vontade de manter o regime concordatário vigente para a paz e o maior bem da Igreja e do Estado, tomando em consideração, por um lado, a nova situação apresentada pela parte portuguesa no que se refere à disposição contida no artigo XXIV da Concordata de 7 de Maio de 1940, acordaram no que se segue: I- O artigo XXIV da Concordata de 7 de Maio de 1940 é modificado da seguinte forma: Celebrando o casamento católico, os cônjuges assumem por esse mesmo facto, perante a Igreja, a obrigação de se aterem às normas canónicas que o regulam e, em particular, de respeitarem as suas propriedades essenciais. A Santa Sé, reafirmando a doutrina da Igreja Católica sobre a indissolubilidade do vínculo matrimonial, recorda aos cônjuges que contraírem o matrimónio canónico o grave dever que lhes incumbe de se não valerem da faculdade civil de requerer o divórcio. II - Mantêm-se em vigor os outros artigos da Concordata de 7 de Maio de 1940.". Este artigo corresponde, actualmente, ao artigo 15º, mantendo-se a redacção.

tado[31] a separação de facto, livremente consentida, agora por cinco anos consecutivos - como causa de divórcio. Este prazo de cinco anos viria a ser realargado para seis pelo Decreto-Lei 561/76, de 17 de Julho, o qual eliminou, todavia, o requisito de que a separação fosse livremente consentida.

O Decreto-Lei 605/76, de 24 de Julho, introduziu ainda algumas alterações no regime substantivo - nomeadamente baixando o prazo mínimo de durabilidade do casamento para que se pudesse requerer o divórcio, de três, para dois anos, mantendo-se, no entanto, nos vinte e cinco anos o requisito de idade mínima dos cônjuges - e sobretudo ao regime processual do divórcio[32].

A Reforma de 1977, operada pelo Decreto-Lei 496/77, de 25 de Novembro, introduziu fundamentalmente duas importantes alterações a nível sistemático, regulando a matéria do divórcio na sua totalidade e a da separação judicial de pessoas de bens, por remissão àquela, e fazendo o capítulo do divórcio por mútuo consentimento preceder o do litigioso, revelando, quem sabe, assim, a preferência do legislador.

Do ponto de vista substancial, a Reforma introduziu também importantes alterações, sendo talvez as duas mais relevantes, quanto ao divór-

---

[31] CARVALHO, p. 53, citando ANTUNES VARELA, considera que este Decreto-Lei veio introduzir uma substancial alteração na conceptualização do divórcio entre nós, e, citando assinalando a "viragem do princípio da culpa (divórcio sanção) para a ideia do divórcio falência". Ver VARELA, *Direito da Família*, pp. 484 e ss.

"Não se cuide", no entanto, diz a Autora, "que a consagração do conceito de Divórcio - Constatação da Ruptura Conjugal é uma invenção ou inovação do Decreto-Lei n.o 261/75, de 27 de Maio, muito pelo contrário, já a Lei do Divórcio de 1910 consagrava, expressamente, a relevância da separação de facto como fundamento para a separação do casamento no n.o 8 do seu Artigo 4o" CARVALHO, p. 51, nota 1.

[32] Para CARVALHO, pp. 55-56, "A "pérola" deste notável diploma, que para a história portuguesa do Direito da Família ficará como o mais perfeito exemplar de insanidade e irresponsabilidade legislativa, é a alteração que introduz no Artigo 1420º do Código de Processo Civil", cuja redacção passa a ser a seguinte: "Não havendo fundamento para indeferimento liminar, designar-se-á dia para uma conferência dos cônjuges, *podendo nela intervir os filhos que tenham mais de 18 anos e os pais dos cônjuges desavindos*, quando o juiz o considerar conveniente.". Nosso enfatizado.

cio litigioso, a técnica de definir as causas do divórcio por referência aos deveres conjugais (recuperando, ainda, como causas objectivas, a ausência sem notícias e a alteração das faculdades mentais) e, quanto ao divórcio por mútuo, o condicionamento da possibilidade de decretamento do divórcio à homologação pelo Tribunal dos acordos quanto à casa de morada da família, alimentos e poder paternal[33][34].

Posteriores à Reforma de 1977, que consubstanciou o sistema de divórcio que ainda hoje conhecemos, há três alterações de relevo a registar: o Decreto-Lei 163/95, de 13 de Julho, que veio alterar a redacção do artigo 1773o do Código Civil, passando a admitir o divórcio por via administrativa ; o Decreto-Lei 47/98, de 10 de Agosto, que veio permitir que o divórcio por mútuo consentimento possa ser requerido pelos cônjuges a todo o tempo, independentemente da duração que teve o casamento, abreviou o prazo da separação de facto para três anos[35] e revogou o artigo 1784º[36]; e, finalmente, o DL 272/2001, de 13 de Outubro, que instituiu a competência exclusiva das conservatórias do registo civil em matéria de divórcio por mútuo consentimento e eliminou a segunda conferência a que se referiam os artigos 1777º do CC e 1423º do CPC[37][38] .

---

[33] Estas alterações inserem-se, é claro, num contexto de reformulação de conceitos básicos de extrema importância no âmbito do Direito da Família, introduzidas pelo Decreto-Lei 496/77, de 25 de Novembro, nomeadamente no que se refere ao estatuto dos cônjuges e dos filhos, marcado, naturalmente, pelo forte contexto de mudança política e ideológica vivido na época.

[34] Acerca da discussão pública do Decreto-Lei que operou a Reforma, será interessante ler o que relata HÖRSTER, HEINRICH EWALD, Breves Apontamentos a Propósito da Elaboração do Decreto-Lei n. 496/77, de 25 de Novembro (Reforma do Código Civil), e da Vigência Imediata do Artigo 36. da Constituição de 1976. Revista de Direito e Estudos Sociais, 1976, 63 ss..

[35] Ou para um ano, no caso de o divórcio ser requerido por um dos cônjuges sem oposição do outro.

[36] E alterou, bem assim, o período de ausência sem notícias para dois anos e o de duração da alteração das faculdades mentais, para três anos.

[37] TORRES, *Divórcio em Portugal*, pp. 40 e ss., liga as tendências evolutivas na legislação divorcística portuguesa de 1975 a 1994 à evolução dos processos sociais que, "de forma menos espectacular e mais lenta" do que as que tiveram lugar na I República e no 25 de Abril, se operou no tecido social português. São, para esta Autora, fundamental-

mente processos de reconfiguração social (ligados às crescentes urbanização e terciarização e ao declínio da actividade agrícola) e de desdramatização do divórcio face aos valores da conjugalidade moderna - ligada a critérios afectivos - e de realização pessoal, que passam ainda pela feminização do trabalho, pela mudança na simetria do relacionamento entre homens e mulheres, por novos modelos de natalidade e, finalmente, por novos valores e novas formas de prática da religiosidade.

[38] Em TORRES, ANÁLIA CARDOSO, *Casamento em Portugal - Uma Análise Sociológica*. Oeiras: Celta Editora, Novembro 2002, p. 57; p. 279, encontramos os seguintes dados, numa análise comparativa da evolução de alguns indicadores demográficos relativos à natalidade, ao casamento e ao divórcio e de evolução das taxas brutas de nupcialidade e divórcio, que optamos por resumir da seguinte forma: a taxa bruta de nupcialidade baixou, do ponto máximo de 9.4 (por cada 1000 de população média), registado em 1970, para o mínimo de 6.2, registado em 2000; a taxa bruta de divórcio registou um mínimo de 0.7 em 1960, repetido em 1970, e um máximo de 1.9 registado em 2000; os casamentos católicos registaram um máximo de 90.7 em 1960 e um mínimo de 65.9, em 2000.

6. O SISTEMA NA ACTUALIDADE

[1]

Prescreve o artigo 36º, número 2, *in fine* da Constituição que o divórcio é admitido para todo o casamento, civil ou religioso[2].

---

[1] Tratamos aqui apenas da matéria referente ao direito civil. É claro, no entanto, que uma análise do sistema nacional - que é, para os que professam a fé católica, um sistema de casamento civil facultativo - não poderia deixar totalmente de lado uma referência, ainda que breve, ao direito canónico.

É que, para o direito canónico, o casamento católico - desde que validamente celebrado entre baptizados e consumado - é ainda indissolúvel, pelo que só poderá vir a ser dissolvido por sentença do Tribunal eclesiástico que venha a decretar a respectiva nulidade, com efeitos *ex tunc*, pesem embora os efeitos civis atribuídos ao casamento putativo (cfr. os artigos 1647o e 1648o do CC).

Como forma de dissolução - com efeitos *ex nunc* - de casamento católico validamente celebrado, mas não consumado, o direito canónico prevê a hipótese de dispensa do casamento rato não consumado, existindo concomitantemente uma justa causa, como a incompatibilidade de caracteres entre os esposos que torne a sua vida particularmente difícil, a separação durante vários anos, um delito muito grave cometido por um dos cônjuges, entre outras (v. cânones 1142; 1697 a 1706). A causa da não consumação, ao invés, não releva, presumindo-se, no entanto, a consumação, até prova em contrário, sempre que os cônjuges tenham coabitado CAMPOS, *Lições* ..., pp. 281 e ss..

Esta dispensa foi recebida pelo direito português, pelo que o casamento assim dissolvido deve ter-se por dissolvido no direito civil, por causa não imputável a qualquer dos cônjuges.

Para uma análise mais profunda, ver COELHO, *Curso ... 1965*, pp. 544 e ss. e COELHO/OLIVEIRA/RAMOS, p. 203 e ss. e 692 e ss..

[2] Sobre as características do direito ao divórcio, ver COELHO/OLIVEIRA/RAMOS, pp. 592 e VARELA, *Direito da Família*, pp. 507 e ss..

O sistema português comporta o divórcio em duas modalidades: por mútuo consentimento - aquele que é requerido por ambos os cônjuges, de comum acordo e sem qualquer indicação de causa, ou, melhor dizendo, por causa não revelada[3] - e litigioso - aquele que é requerido por um dos cônjuges contra o outro, com determinado fundamento subjectivo ou objectivo.

6.1. O divórcio por mútuo consentimento

O divórcio por mútuo consentimento[4] aparece regulado nos artigos 1775º a 1778º do CC, 1419º a 1424º do CPC e 271º a 274º do CRC.

---

[3] Para PEREIRA COELHO (COELHO, Curso ... 1965, pp. 511 e ss.) o divórcio por mútuo consentimento pode ser concebido de duas formas distintas. O fundamento do instituto pode residir na ideia de que, como qualquer outro contrato e nos termos gerais, pode ser dissolvido por acordo dos contraentes, pelo que, nesta concepção, o divórcio por mútuo consentimento é, de facto, " (...) um divórcio sem causa ou - se quisermos dizer assim - um divórcio cuja causa é justamente o mútuo consentimento dos cônjuges.". Mas o instituto pode, ainda, ser concebido como um " (...) divórcio por causa indeterminada ou não revelada, como um divórcio por causa que a lei permite aos cônjuges manter secreta, pelo que o acordo dos cônjuges já não será a causa do divórcio, mas o facto indicativo de existe uma causa que os cônjuges preferem não revelar e que a lei confia ser uma das que permitiriam, se assim não fosse, o recurso ao divórcio litigioso. Estamos com o Autor quando este afirma que é esta última a concepção adoptada na nossa lei. No entanto, face à recente alteração legislativa que veio atribuir competência exclusiva às conservatórias do registo civil em matéria de divórcio por mútuo consentimento, é defensável a posição de que este tipo de divórcio é hoje, no direito português, um verdadeiro divórcio sem causa.

[4] Quanto à natureza jurídica do divórcio por mútuo consentimento, ver COELHO/OLIVEIRA/RAMOS, p. 605 e ss., onde os Autores. acabam por considerar que se trata de "um acto complexo ou misto, integrado por dois elementos igualmente "constitutivos": o acordo dos cônjuges (o seu acordo sobre o divórcio e sobre os três pontos referidos no número 2 do art. 1775o do CC) e a homologação desse acordo pelo juiz ou pelo conservador do registo civil.". Ver, ainda, COELHO, Curso ... 1965, pp. 513 e ss..

A recente publicação do Decreto Lei 272/2001, de 13 de Outubro, que transfere a competência decisória em determinados processos de jurisdição voluntária dos Tribunais judiciais para o Ministério Público e para as conservatórias do registo civil[5], veio alterar de forma profunda a regulamentação processual do divórcio por mútuo consentimento, com o discutível fim de aliviar a carga de trabalho excessiva dos Tribunais de Família[6], embora tenha mantido no essencial a parte substancial da regu-

---

[5] Revogando os artigos 1777o (segunda conferência) do CC e 1414o, 1414o-A (manutenção e privação do uso do apelido do ex-cônjuge), 1418o (reconciliação de cônjuges separados), 1423o (segunda conferência) e 1446o (dispensa de prazo internupcial) do CPC.

[6] Consideramos aqui interessante citar o prefácio do Decreto Lei, no que respeita à matéria do divórcio e às razões que determinaram a atribuição de competências à conservatória do registo civil.

"Colocar a justiça ao serviço da cidadania é um dos objectivos estratégicos fundamentais assumidos pelo Governo esta área, concretizado nomeadamente na tutela do direito a uma decisão em tempo útil. Neste sentido, importa *desonerar os Tribunais de processos que não consubstanciem verdadeiros litígios, permitindo uma concentração de esforços naqueles que correspondem efectivamente a uma reserva de intervenção judicial* - [nosso itálico].

[...]

Procede-se ainda à transferência de competências para as conservatórias do registo civil em matérias respeitantes a um conjunto de processos de jurisdição voluntária relativos a relações familiares - [...] - na estrita medida em que se considere ser a vontade das partes conciliável e sendo efectuada a remessa para efeitos de decisão judicial sempre que se constate existir oposição de qualquer interessado.

[...]

Na senda da atribuição de competência decisória à separação e divórcio por mútuo consentimento ao conservador do registo civil, operada em 1995, *à qual têm correspondido resultados altamente benéficos do ponto de vista dos requerentes do divórcio e da judicatura* - [nosso itálico] -, com reflexos em toda a sociedade através da maior celeridade decisional, procede-se à atribuição a estas entidades de competência exclusiva nesta matéria, exceptuando-se os casos de conversão e divórcio litigiosos, abolindo-se ainda a segunda conferência em todos os processos."

lamentação divorcista por mútuo consentimento que já constava do CC. Excepção é a abolição da segunda conferência para todos os processos, quer os que corram na conservatória do registo civil quer os que, por resultarem de conversão de processos litigiosos, corram nos Tribunais.

Conferiu este Decreto Lei poderes ao conservador do Registo Civil para decidir em matéria de atribuição da casa de morada da família, privação do direito ao uso e autorização de uso dos apelidos do outro cônjuge, conversão da separação judicial de pessoas e bens em divórcio e competência exclusiva para decidir em matéria de separação e divórcio por mútuo consentimento, nomeadamente de casais com filhos menores cujo poder paternal não se encontre regulado[7], exceptuando os casos de conversão de divórcio litigioso[8][9].

O argumento é, no entanto, a nosso ver, falacioso, porquanto, se a adesão dos requerentes de divórcio à possibilidade de levarem a cabo o processo junto da conservatória do registo civil tivesse sido, de facto, tão vasta, a ponto de a ela terem correspondido tais *"resultados altamente benéficos"*, desnecessária seria a atribuição de competência exclusiva às conservatórias, negando às partes por completo o direito de recorrerem ao Tribunal, a não ser através do expediente de requerer o divórcio litigioso para logo depois converter o processo, mantendo-o assim na alçada do Tribunal.

Estamos, aliás, totalmente com CARVALHO, pp.58 e ss., quando a Autora, a propósito ainda do DL 163/95, que veio pela primeira vez introduzir em Portugal o divórcio por via administrativa, então ainda apenas facultativo, escrevia que a medida, "Capciosamente anunciada como o meio mais célere e económico para pôr termo ao casamento, frustrou as expectativas de boa parte daqueles que a ela pretenderam recorrer. A burocracia registral é tanta ou mais que a judicial, a ignorância revela-se maior e os custos ainda são superiores", considerando ainda que no seu "propósito pouco sério de "administrativamente sanear" os tribunais, o legislador esqueceu duas realidades básicas: em primeiro lugar, a de que "Não são os divórcios por mútuo consentimento os responsáveis pela anarquia generalizada dos Tribunais em geral, e dos Tribunais de Família em particular" e, em segundo lugar, a de que "São principalmente as regulações do poder paternal e as profundas divergências que habitualmente surgem entre os cônjuges na hora de fixar um regime vinculativo para os filhos, que envenenam as relações futuras do casal e o predispõe para um litígio dificilmente ultrapassável pela via do diálogo conciliador.".

[7] Sendo certo que o acordo quanto à regulação do poder paternal é obrigatoriamente submetido à apreciação do Ministério Público. Ver o artigo 14o, números 2 a 7 do DL 272/2001.

[8] Cfr. Lei n.o 82/2001, de 3 de Agosto (Lei de Autorização Legislativa).

O divórcio por mútuo consentimento é, no direito português, não tanto um divórcio sem causa como um divórcio por *causa não revelada*, por causa que a lei admite que os cônjuges mantenham secreta[10], muito embora a alteração resultante do DL 47/98, de 10/08, que permite que o divórcio possa ser requerido, agora, a "todo o tempo", isto é, qualquer que tenha sido a duração do casamento[11], possa levar a crer que já não é este o espírito da lei, que será agora o de fazer sujeitar o divórcio à vontade de os cônjuges de terminarem o casamento, nos termos até do regime geral dos contratos[12][13].

6.2. O divórcio litigioso

O Código Civil de 1966 previa um sistema de causas específicas típicas subjectivas[14], que a Reforma de 1977 veio substituir por um regime de causa genérica ou indeterminada, por referência aos deveres conjugais[15].

---

[9] Ver, ainda, RAMIÃO, TOMÉ D'ALMEIDA, *Divórcio por Mútuo Acordo Anotado e Comentado e Legislação Complementar*. 2.ª edição. Lisboa: Quid Juris? Sociedade Editora, 2002.

[10] Cfr. 1775o/2 CC. Ver, supra, pág. 94.

[11] Na Lei do Divórcio de 1910, eram pressupostos do divórcio por mútuo consentimento que os cônjuges tivessem completado vinte e cinco anos de idade e fossem casados há mais de dois anos. A Reforma de 1977 eliminou o primeiro requisito, mas aumentou o prazo mínimo de duração do casamento para três anos. Este prazo só veio a ser suprimido em 1998, pelo Decreto-Lei citado, pelo que o único pressuposto de que depende, hoje em dia, o divórcio por mútuo consentimento é o acordo dos cônjuges quanto ao propósito de se divorciarem e quanto à prestação de alimentos, exercício do poder paternal relativo a filhos menores e destino a dar à casa de morada da família. COELHO/OLIVEIRA/RAMOS, p. 598, 599.

[12] Cfr. 406º/1 CC.

[13] COELHO/OLIVEIRA/RAMOS, pp. 596, 597.

[14] Adultério, práticas anticoncepcionais, aberrações sexuais, condenações penais ou qualquer outro facto que ofenda gravemente a integridade física ou moral do requerente. VARELA, p. 203

[15] Quer com referência aos deveres recíprocos do artigo 1672o, quer aos deveres comuns, nomeadamente, os que respeitam ao sustento, criação e educação dos filhos (artigos 1874º e 1878º). VARELA, *Direito da Família*, p. 491,

Assim, nos termos da redacção do artigo 1779º do CC introduzida pelo DL 496/77, de 25/11, é fundamento de divórcio a violação culposa de deveres conjugais que, pela sua gravidade ou reiteração, tenha comprometido a possibilidade de vida em comum dos cônjuges.

Professa PEREIRA COELHO que[16] que o direito português aceita hoje em certa medida o princípio da ruptura: no divórcio litigioso, no âmbito de aplicação do artigo 1779º são as violações culposas[17] dos deveres conjugais que justificam o pedido de divórcio [devendo a sentença declarar a culpa dos cônjuges[18], mas este só deve ser decretado quando tais violações sejam graves ou reiteradas[19] e tenham *"comprometido, concretamente, a possibilidade de vida em comum dos cônjuges"* (artigos. 1779o, n.o 1)[20].

---

[16] COELHO, *Curso ...*, 1970, pp. 539 e ss..

[17] No sentido de factos *voluntários, imputáveis* ao cônjuge que os pratica, segundo o que ensina SANTOS, p.378. Ainda, VARELA, *Direito da Família*, p. 491, nota 2: "A culpa pressupõe a imputabilidade do agente (a capacidade do cônjuge prevaricador para entender e valorar os actos por ele praticados e a capacidade de *autodeterminação*), bem como a reprovabilidade da sua conduta, em face das circunstâncias concretas registadas.".

[18] Cfr. o artigo 1787o CC.

[19] "A reiteração é um conceito absoluto. Exprime-se em termos de matemática. Há reiteração se um acto ou facto se repete uma ou mais vezes.. Mas já a gravidade é um conceito relativo [...] no que se refere quanto ao condicionalismo que cerca ao facto e relativo no que toca à pessoa visada", pelo que surgem duas questões: a de saber "se a violação dos deveres conjugais é em concreto ou em abstracto", e a de saber se "o cônjuge que a lei visa é o cônjuge ideal ou é, antes, o cônjuge individualizado, para quem a convivência conjugal se pode tornar impossível", questões que têm resposta no disposto no artigo 1779º/2 e em múltiplas soluções jurisprudenciais e doutrinais, que determinam se tome em consideração, na avaliação da exigibilidade da vida em manutenção da vida em comum, além da "culpa que possa ser imputada ao requerente e o grau de educação e sensibilidade moral dos cônjuges", o "carácter", as "condições pessoais de cada um dos cônjuges", a "duração, maior ou menor, da vida conjugal", a "educação, susceptibilidade, condição social e meio em que vivem os cônjuges", o "estado das relações entre eles", os "hábitos de linguagem", a "idade", a "publicidade das ofensas, seu género e grau e as razões que as terão determinado", a "saúde", o "temperamento", o "tempo que mediou entre os factos e a propositura da acção" ou as "convicções religiosas". SANTOS, pp. 378-382.

[20] O que VARELA, *Direito da Família*, pp. 493, 494, designa por essencialidade da violação, entendida como "o efeito *psicológico interindividual* da falta cometida", ligada

O divórcio pode ainda ser requerido com o único fundamento da ruptura da vida em comum, nos casos e observando os prazos previstos no artigo 1781º[21][22].

ALMENO DE SÁ[23] defende que a Reforma do Código Civil de 1977 consagrou um sistema misto, a partir das duas concepções fundamentais do sistema sancionatório e do divórcio constatação de ruptura, sendo certo que, para este Autor, não se podem dispor mecanicamente os dados conceituais de cada um destes sistemas para as disposições legais contidas na actual redacção do Código, como se vê, aliás, pela duplicidade de referências contidas no artigo 1779º e a existência dos vários fundamentos das alíneas do artigo 1781º.

Assim, sustenta o Autor que:

"[...] No artigos. 1779º não está exclusivamente em jogo uma ideia de pura sanção, pois que, referenciando-se um comportamento culposo, ele não é, em si mesmo, causa de divórcio. Exige-se, para além disso, que, pela sua gravidade ou reiteração, comprometa a possibilidade de vida em comum, o que prova estar ainda aqui presente uma componente conceptual do divórcio constatação da

---

ainda à "gravidade da falta, medida pelos seus *efeitos*, sobre as relações entre os cônjuges". Assim, "dizer que a violação (imputada ao cônjuge réu), pela sua gravidade ou reiteração, *compromete a possibilidade de vida em comum significa não ser razoável exigir do cônjuge ofendido, após a consumação da falta*, que continue a viver como marido ou mulher com o seu consorte.

[21] Prazos que têm vindo a ser progressivamente encurtados. O prazo mínimo estabelecido para que se possa requerer o divórcio com fundamento em separação de facto era de dez anos na Lei do Divórcio de 1910, passando a seis anos em 1977 e, em 1998, a três anos, ou a um ano, caso não haja oposição ao requerimento de divórcio.

A separação constitui aqui, no dizer de VARELA, *Direito da Família*, pp. 501, 502, verdadeira causa peremptória do divórcio, visto que o juiz não tem nenhum poder de apreciação, prescindindo-se do exame minucioso que tem lugar, por exemplo, no sistema alemão (ver, supra, 4.1.2, página 58) para saber quando cessa a comunhão de vida entre os cônjuges e a possibilidade de ela vir a ser retomada.

[22] COELHO/OLIVEIRA/RAMOS, pp. 584 e ss..

[23] SÁ, pp. 478 e ss..

ruptura.". "Por outro lado", continua, "só o fundamento previsto na alínea a) do artigo 1781o (separação de facto)[24] corresponde à noção típica de *divorce-faillite*: não se investiga qualquer tipo de culpa, sendo irrelevante que, por hipótese, o requerente seja o único culpado[25][26].

Diversamente, nas situações previstas nas alíneas b) e c) (ausência sem notícias e alteração das faculdades mentais)[27] estamos perante causas objectivas, usualmente englobadas no que se designa por divórcio remédio. É facto que também aqui não se averigua qualquer tipo de culpa[28]; mas só por um dos cônjuges pode a acção ser intentada: pelo cônjuge "inocente", isto é, por aquele que invoca a ausência ou a alteração das fa-culdades mentais do outro (v. artigos. 1785º, n.o 2)[29], podendo este último estar inocente ou culpado."[30].

---

[24] E, actualmente, com a redacção introduzida pelo Decreto-Lei 47/98, de 10/08, também a alínea b).

[25] O que não é inteiramente verdade, face ao disposto no n.o 2 do artigo 1782o: "Na acção de divórcio com fundamento em separação de facto, o juiz deve declarar a culpa dos cônjuges, quando a haja, nos termos do artigo 1787o.", pelo que, seguindo o raciocínio do Autor, este fundamento terá também de enquadrar-se na concepção de divórcio-remédio, o que, aliás, subscrevemos.

[26] Ver também CARVALHO, pp. e ss..

[27] Hoje, as alíneas d) e c), respectivamente, como resultado da alteração introduzida pelo Decreto-Lei 47/98.

[28] O que também não corresponde à realidade, confrontando-se o disposto no artigo 1783º.

[29] O legislador, quando produziu a alteração ao artigo 1781º, através do Decreto-Lei 47/98, ter-se-á esquecido de reformular a redacção do n.o 2 do artigo 1785o, pelo que este artigo terá de ser alvo de uma interpretação correctiva.

[30] No que respeita à alteração das faculdades mentais, terá de considerar-se, aliás, que o cônjuge requerido está inocente, o que é, na nossa opinião, claramente, a ideia do legislador, que propositadamente exclui este fundamento, no artigo 1783º, da aplicação do n.o 2 do artigo 1782º. Este alteração das faculdades mentais enquanto fundamento autónomo de divórcio, muito embora sem considerações de culpa, é, no entanto, muito contestado e, a nosso ver, com razão. Cfr., a este propósito, LIMA, PIRES DE/VARELA, ANTUNES, *Código Civil Anotado*, Volume IV, 2.ª edição. Coimbra Editora, 1992, anotação ao atigo 1781º.

São causas de exclusão do direito ao divórcio, nos termos do disposto no artigo 1780º do CC, a instigação à prática do facto invocado como fundamento do pedido de divórcio, a criação intencional de condições propícias à verificação do facto invocado como fundamento do pedido de divórcio e o comportamento posterior de um dos cônjuges que demonstre não ter ele considerado o acto praticado pelo outro como impeditivo da vida em comum[31 32].

Também JACQUELINE POUSSON-PETIT sustenta[33] que, no sistema português, a culpa e a ruptura coexistem em pé de igualdade.

PIRES DE LIMA e ANTUNES VARELA[34] parecem subscrever esta ideia, quando dizem que "A nova concepção doutrinária [da Reforma de 77] assenta na ideia de que o divórcio não deve ser concebido apenas como uma sanção contra o cônjuge que culposa e gravemente viola os seus deveres conjugais. O divórcio deve ser ainda recebido como a solução naturalmente aplicável aos numerosíssimos casos em que (sem culpa de nenhum dos cônjuges, com culpa de ambos ou por culpa de um deles apenas, seja ele o requerente, seja o requerido) o casamento fracassou definitivamente. A doutrina deu a este novo pensamento envolvente do instituto o nome de princípio da ruptura da vida em comum por contraposição ao fundamento básico do direito anterior, que era o princípio da culpa."[35].

---

[31] COELHO/OLIVEIRA/RAMOS, pp. 635 e ss..

[32] Interessante é também a questão de se saber se o direito ao divórcio ficaria excluído por compensação de culpas, a que a doutrina tem respondido negativamente. Ver COELHO/OLIVEIRA/RAMOS, pp. 646, 647.

[33] POUSSON-PETIT, p. 119.

[34] LIMA/VARELA, C.C. Anotado, Vol. IV, anotação ao artigo 1781º

[35] Veja-se VARELA, Direito da Família, pp. 489 e ss.: "(...) rompendo com a orientação clássica do divórcio sistematicamente assente na *culpa*, como sanção contra o cônjuge prevaricador, a Reforma de 77 aceitou abertamente, quer a tese do divórcio-*remédio* (arts. 1781o, c) e 1784o), quer a orientação do divórcio-fracasso ou divórcio-*falência* (ou divórcio-*consumação*), nos termos das alíneas a) e b) do artigo 1781o. Não houve, porém, instituição de um sistema em lugar do outro; houve a implantação de dois novos sistemas, ao lado do regime antigo, substancialmente remodelado. Ficou-se, deste modo, com um sistema *híbrido, heterogéneo*, a que podermos chamar, usando a terminologia de alguns autores, de divórcio à lista ou à carta. Consoante as situações, os cônjuges interessados na

CARLOS MATIAS defende que " (...) o legislador de 1977 optou, ao que parece, por um sistema de compromisso em que a componente dominante é a do divórcio-constatação da ruptura do casamento, mas que continua a dar à culpa um lugar essencial.", quer a ruptura se revele nas hipóteses de separação de facto, quer como "consequência ponderada" da violação dos deveres conjugais, " (...) só podendo ser afirmada quando esta pela sua gravidade e (ou) reiteração torne inexigível ao cônjuge peticionante a manutenção da vida em comum.". Em nenhuma das hipóteses o legislador prescinde, porém, da declaração de cônjuge culpado[36].

Já LEITE DE CAMPOS entende que o sistema português ainda é, fundamentalmente, o de divórcio-sanção, na medida em que a principal causa de divórcio tem como pressuposto a violação culposa de deveres conjugais e só pode ser invocada pelo cônjuge inocente[37][38].

Para MARIA CLARA SOTTOMAYOR, o regime português evoluiu, desde 1966, de um sistema de divórcio sancionatório para um sistema de constatação de ruptura através de um processo de liberalização e des-dramatização, com a introdução de causas de divórcio litigioso independentes de culpa e a preferência legal pelo divórcio por mútuo consentimento[39][40].

HEINRICH HÖRSTER entende, porém, que[41] "Segundo o direito vigente do Código Civil, o divórcio nem sequer é concebido como sanção.

---

dissolução do casamento haverão de recorrer ao divórcio litigioso fundado na culpa, ao divórcio litigioso fundado na ruptura ou no fracasso objectivo do casamento, ao divórcio consensual ou ao divórcio por conversão (...).".

[36] MATIAS, p. 75.

[37] Sistema do qual, aliás, o Autor discorda absolutamente.

[38] CAMPOS, Lições ..., pp. 289 e ss..

[39] Pese embora o facto de, refere a Autora, mesmo nos casos de divórcio por causas objectivas, o juiz ter a obrigação de determinar a contribuição de cada um dos cônjuges para a ruptura da relação matrimonial, de forma a definir os efeitos patrimoniais do divórcio.

[40] SOTTOMAYOR, MARIA CLARA, The Introduction and Impacte of Joint Custody in Portugal. International Journal of Law, Policy and the Family, 13 Dezembro 2000, Nr. 3, p. 249.

[41] HÖRSTER, HEINRICH EWALD, A Respeito da Responsabilidade Civil dos Cônjuges Entre Si (ou: A Doutrina da "Fragilidade da Garantia" será Válida?). Scientia Iuridica T. XLIV 1995, Nr. 253/255, pp. 166 e ss..

A concepção do divórcio é, no essencial, a de um divórcio remédio, um remédio entendido como o mal menor em comparação com o mal maior de um casamento comprometido, como resulta designadamente do disposto nos artigos. 1787º [...] e 2016º, n.o 2 [...], e como corresponde à tradição jurídica portuguesa desde a Lei do Divórcio de 1910. O divórcio é, sem dúvida, uma consequência de violações culposas de deveres conjugais, mas é uma consequência sem carácter sancionatório (o que não exclui que possa haver consequências menos favoráveis para o cônjuge culpado a nível patrimonial).".

De facto, a nosso ver, e face ao exposto *supra*[42], é esta última orientação, a de divórcio-remédio, a seguida pelo nosso sistema, muito embora o sistema se afaste da concepção típica quando atribui, como veremos[43], à culpa consequências de carácter sancionatório.

As causas de divórcio litigioso, previstas no Código Civil, pressupõem, com a excepção única da alteração das faculdades mentais, a averiguação e a declaração da culpa - ainda que a asserção da culpa dos cônjuges não tenha, nalguns casos, qualquer relevância para a questão da possibilidade de ser decretado o divórcio, mas, unicamente, no que respeito aos respectivos efeitos - declaração a que não há lugar na concepção de divórcio-ruptura[44].

Veja-se, no entanto, o que escrevia ANTUNES VARELA, quando apresentava ao País o projecto do novo do Código Civil, em Maio de 1966[45]:

"Quanto à dissolução da sociedade conjugal, mantém-se o divórcio relativamente ao casamento civil, mas restringindo em ter-

---

[42] 2.1, página 32; 2.2, página 33 e 2.3, página 35.

[43] *Infra*, 6.3.2, páginas 109 e ss..

[44] Veja-se, aliás, VARELA, *Direito da Família*, p. 502: "Traindo de algum modo a lógica do sistema, que considera o pedido de divórcio, neste caso, como o corolário normal de uma situação de facto, manda a lei que, no caso de o divórcio ser requerido com fundamento na separação de facto, o juiz averigue e declare a culpa dos cônjuges, sempre que a haja (...), para na fixação dos efeitos da dissolução lhe aplicar a sanção correspondente.".

[45] VARELA, JOÃO DE MATOS ANTUNES, A Apresentação do Projecto do Nono Código Civil, B.M.J., Nr. 156, citação extraída das pp. 61 e 62.

mos adequados os seus fundamentos, e reforçando as sanções civis aplicáveis ao cônjuge culpado da dissolução."

"Do elenco dos fundamentos do divórcio litigioso foram suprimidos aqueles que apenas podem justificar-se dentro de uma concepção hedonista ou burguesa do casamento, que não é a perfilhada pelo projecto quanto ao próprio casamento civil."

"Digna de relevo é ainda a possibilidade conferida ao Tribunal de, em lugar do divórcio, decretar a separação de pessoas e bens, ainda que esta não tenha sido pedida, desde que as circunstâncias especiais do caso aconselhem a não dissolução o casamento."

"Note-se, por último, que embora não elimine o divórcio por mútuo consentimento, o projecto não permite que os cônjuges o requeiram directamente. Os cônjuges desavindos, se quiserem divorciar-se, hão-de pedir primeiro a separação [...]."

"Não poderá deixar de apreciar-se o intuito salutar da lei, sobretudo se nos lembrarmos de que em muitas destas situações não estão apenas em jugo os interesses, as paixões ou os caprichos dos cônjuges, mas também os interesses respeitáveis de terceiros, nomeadamente os dos filhos.".

E, ainda, na comunicação feita perante a Assembleia Nacional, em Novembro de 1966[46]:

"[...] Nenhuma estranheza causará por certo no público o saber que, no seio da comissão do código, constituída por pessoas de diversa formação religiosa e política, se deliberou por unanimidade:

1.º Restringir os fundamentos do divórcio litigioso;

2.º Reforçar as sanções aplicáveis ao cônjuge culpado do divórcio."

"De acordo com esse pensamento, o projecto reduziu os fundamentos do divórcio aos casos em que há culpa de um dos côn-

---

[46] VARELA, JOÃO DE MATOS ANTUNES, Do Projecto ao Código Civil. B.M.J., Nr. 161, citação extraída das pp. 69 e 70.

juges, eliminando aqueles que a cessação do vinculo matrimonial apenas se explica como meio (remédio) de um dos cônjuges se libertar do fardo em que, vista a situação à luz de uma concepção puramente hedonista da sociedade conjugal o casamento se converteu."

"Ao mesmo tempo, adoptaram-se sanções sérias contra o cônjuge culpado do divórcio, por forma que a dissolução do matrimónio se não possa converter, para ele, numa fonte de benefícios patrimoniais.".

Assim, mais do que um sistema misto, as normas dos artigos 1773º a 1787º do CC consagram - certamente como resultado das múltiplas alterações que sofreram, dos avanços e retrocessos, inspirados por correntes ideológicas de sentidos contraditórios - um sistema desconexo, porquanto empregam, por um lado, as concepções extremas do *divorce--constat* (chegando a retirar a possibilidade de controlo jurisdicional quanto ao divórcio por mútuo consentimento, subordinando todo o processo ao conservador do registo civil), ao mesmo tempo que acolhem, por outro, a concepção de divórcio-remédio e atribuindo, porém, à culpa dos cônjuges consequências com carácter sancionatório[47].

Estas sanções civis são, a nosso ver, um resquício das soluções doutrinais adoptadas em 1966, perfeitamente adequadas à orientação então expressa no Código, que era em larga medida a de divórcio-sanção, mas desajustadas e anacrónicas face ao resultado da Reforma de 77, a qual veio substituir esta concepção pelas de divórcio-remédio - a par com o divórcio por mútuo consentimento -, sem, todavia, prescindir, no que se

---

[47] Contra, GUILHERME DE OLIVEIRA que considera que o Código Civil de 1966 representou um significativo avanço em relação quer ao Código de Seabra, quer às leis da 1a República, pela sua "arrumação nítida das matérias", "clareza das soluções" e "sistematização brilhante" e que as alterações introduzidas pela Reforma de 1977 vieram resolver "os principais problemas legislativos que se debatiam nos países da nossa grande família cultural", pelo que "neste momento [a afirmação data de 1995] não há razão para pretender ou esperar reformas importantes na nossa legislação." OLIVEIRA, "O Direito da família", pp. 223 e ss..

refere ao primeiro, de indagações e declarações de culpa, mesmo nos casos em que se permitiu o divórcio por causas objectivas, e sem eliminar as consequências sancionatórias da culpa[48][49].

6.3. Os efeitos do divórcio

O efeito principal do divórcio é, obviamente, o da dissolução do casamento (artigo 1788º do CC: "O divórcio dissolve o casamento e tem juridicamente os mesmos efeitos da dissolução por morte, salvas as excepções consagradas na lei.").

Com o divórcio cessam os deveres conjugais[50] e os cônjuges passam a poder contrair novo matrimónio, findo que seja o prazo internupcial, nos termos do disposto na alínea b) do artigo 1604º e no artigo 1605º do CC. Conservam-se, no entanto as relações de afinidade[51][52]. Em relação às pessoas dos cônjuges o divórcio produz, ainda, efeitos referentes ao nome, previstos nos artigos 1677º-B e 1677º-C.

Com o divórcio[53] terminam também as ilegitimidades conjugais[54].

Os ex-cônjuges perdem, bem assim, com o divórcio[55] os direitos sucessórios em relação ao outro[56][57].

---

[48] Vide 7, páginas 131 e seguintes.

[49] Ver também PITÃO, JOSÉ ANTÓNIO FRANÇA, *Sobre o Divórcio - (Anotações aos artigos 1773 a 1895-D do Código Civil)*. Coimbra: Almedina, 1986.

[50] Cfr. os artigos 1672º e seguintes.

[51] Cfr. o artigo 1585º, *in fine*.

[52] Muito embora se possa discordar da solução legal, justificável no caso de morte, mas já não no caso de divórcio.

[53] Mais correcto será dizer-se, com a propositura da acção que venha a ter decisão favorável, já que os efeitos do divórcio retroagem à data da propositura da acção - cfr. o artigo 1789º, número 1 - ou à data que seja fixada como aquela em que teve fim a coabitação dos cônjuges- cfr. o número 2 da mesma disposição.

[54] Cfr. os artigos 1682º e 1683º do CC.

[55] Efeito que é comum à separação judicial de pessoas e bens.

[56] Cfr. os artigos 2133º, n.o 1, alínea a), e n.º 3, 2157º e 2317º, alínea d) do CC.

[57] O divórcio produz também efeitos diferentes da dissolução por morte no que respeita a pensão de sobrevivência e subsídio por morte, quer no regime de protecção

No que respeita aos filhos do casal, o divórcio produz os efeitos previstos nos artigos 1905º a 1908º do CC e 174º e seguintes da OTM, designadamente os que respeitam à regulação do poder paternal e alimentos. A lei determina que o destino dos filhos e o quantitativo e a forma de prestar alimentos será regulada por acordo dos pais, acordo que está sujeito a homologação do Tribunal, que nisso se orientará pelo critério do interesse do menor. Na falta de acordo, o Tribunal decidirá ainda de acordo com esse critério[58][59].

Os efeitos patrimoniais relativos aos ex-cônjuges são os previstos nos artigos 1688º, 1689º e 1790º do CC, no que respeita às relações patrimonais e à partilha, 2133º, n.º 3 e 2317º, alínea d), no que respeita à perda de direitos sucessórios, 1791º, relativamente à perda de benefícios, 1792º, respeitante à obrigação de indemnizar, 2016º, relativamente à obrigação de alimentos e os referentes ao destino a dar à casa de morada da família, quer esta seja arrendada (artigo 84º do RAU), quer seja bem comum ou próprio de um dos cônjuges (artigo 1793º).

6.3.1. Determinação da culpa

A questão da relevância da culpa é particularmente delicada no âmbito do direito da família, exigindo-se, como refere ANDREW BAIN-

---

social da função pública, quer no regime geral da segurança social Ver, designadamente os previstos nos artigo 40º e 41º do Decreto Lei 142/73, de 31 de Março e nos artigos 7º, número 1 e 11º do DL 322/90, de 18 de Outubro. Ver COELHO/OLIVEIRA/RAMOS, p. 655 e TOMÉ, MARIA JOÃO VAZ, Social security Law and the divorced wife in Portugal: a proposal based on the community property of acquests marital regime. International Journal of Law, Policy and the Family, 13 Dezembro 2000, Nr. 3, Nr. 3, 280-291.

[58] Obtido o acordo dos pais, o poder paternal será exercido por ambos os conjunto e só na falta de acordo neste sentido poderá o Tribunal, através de decisão fundamentada, determinar que o poder paternal seja exercido pelo progenitor a quem o filho foi confiado - cfr. os artigos 1906º e 1907º, números 1 e 2, do CC, na redacção introduzida pela Lei 59/99, de 30/06. A este propósito, ver SOTTOMAYOR, MARIA CLARA, *Regulação do Exercício do Poder Paternal nos Casos de Divórcio*, 3.ª edição. Coimbra: Almedina, 2000.

[59] EPIFÁNIO, RUI M. L., *Organização Tutelar de Menores (Guia para a Leitura Actual)*. Coimbra: Livraria Almedina, Maio 2000.

HAM[60], um constante exercício de equilíbrio, na medida em que não se trata apenas de uma questão de conduta culposa de um dos cônjuges, mas de uma conduta que tem de ser ponderada com relação à conduta do outro.

No sistema português, a violação dos deveres conjugais só é causa de divórcio se for culposa[61], quer por dolo, directo ou eventual, quer por simples negligência, consciente ou até inconsciente[62].

O artigo 1787º do CC impõe que o Tribunal declare a culpa ou a maior culpa de um dos cônjuges, se a houver. Esta declaração só é necessária, no entanto, no caso de divórcio litigioso[63], porquanto, de acordo com o que dispõe o n.o 2 do artigo 1775º, no caso de mútuo consentimento "os cônjuges não têm de revelar a causa do divórcio".

Para ANTUNES VARELA[64], o critério de valoração da culpa que deve ser adoptado é o do padrão de conduta, o sistema de valores *"geralmente aceite* na comunidade nacional, na época em que a questão é apreciada", sendo necessário ainda atender à *"prioridade* cronológica das faltas cometidas", ao factor da "gravidade relativa da conduta dos desavindos, que pode ter uma importância decisiva para o comportamento definitivo da reconciliação dos cônjuges.".

---

[60] BAINHAM, a propósito do caricato caso *Richmond v Richmond*, no qual a Sra. Richmond não pode invocar o adultério do Sr. Richmond com a Sra. Burfitt, porquanto ela própria tinha cometida adultério com o Sr. Burfitt.

[61] Quanto ao ónus da prova, é opinião predominante na doutrina - muito embora a questão tivesse já sido, pontualmente, resolvida em sentido contrário pela jurisprudência - que este pertence ao cônjuge requerente, na medida que a culpa é constitutiva do direito ao divórcio. Ver COELHO/OLIVEIRA/RAMOS, pp. 617 e ss., VARELA, *Direito da Família*, p. 490 e ss., e MATIAS, pp. 75 e ss., e, ainda, o Assento do STJ de 26/01/1994, in BMJ, 433, p. 80, segundo o qual "no âmbito e para os efeitos do disposto no n.º 1 do artigo 1779º do Código Civil, o autor tem o ónus da prova da culpa do cônjuge infractor do dever conjugal de coabitação.".

[62] COELHO/OLIVEIRA/RAMOS, p. 617.

[63] Cfr., a este propósito, o Acórdão da Relação de Lisboa de 11/12/1984, CJ, páginas 445 e seguintes, segundo o qual existirá uma diferença conceptual entre a culpa exigida para decretar o divórcio e a culpa a declarar nos termos do n.º 1 do artigo 1787º.

[64] VARELA, *Direito da Família*, pp. 505, 506.

LEITE DE CAMPOS, manifestando a sua discordância para com o sistema português, que defende ser ainda fundamentalmente o de divórcio sanção[65], critica fortemente a "possibilidade prática, e a legitimidade, de se determinarem as culpas no seio de uma sociedade tão fechada como é a família, e no que respeita a relações tão íntimas como são as conjugais"[66].

Nos termos do n.º 1 do artigo 1779º, qualquer dos cônjuges pode requerer o divórcio, se o outro violar culposamente os deveres conjugais, quando a violação, pela gravidade ou reiteração, comprometa a possibilidade da vida em comum. O preceito teve por fonte, segundo CARLOS MATIAS, a redacção do artigo 242º do Código Civil Francês[67], verificando-se a única diferença de relevo na exigência do legislador português de que a violação dos deveres conjugais seja culposa, transformando a culpa em elemento "qualificativo da violação do dever conjugal" e "constitutivo do direito do cônjuge que pede o divórcio"[68], tendo em conta as regras do ónus da prova.

6.3.2. Relevância patrimonial da culpa

Como dissemos[69], a lei portuguesa impõe ao julgador que proceda, em todas as circunstâncias em que se requer o divórcio litigioso - excepto numa - a averiguações e declarações de culpa. Para além da relevância desta declaração que se reflecte directamente na acção de divórcio, a lei

---

[65] Ver, supra, 6, página 102.
[66] CAMPOS, Lições ..., p. 289.
[67] "Le divorce peut être demande par un époux pour des faits imputables à l'autre lorsque ces faits constituent une violation grave ou renouvelée des devoirs et obligations du mariage et rendu intolérable le maintien de la vie commune." (O divórcio pode ser requerido por um dos cônjuges com fundamento em factos imputáveis ao outro, desde que tais factos constituam uma violação grave ou reiterada dos deveres e obrigações do casamento e tenham tornado intolerável a manutenção da vida em comum.).
[68] MATIAS, p. 76.
[69] 6.2, 98.

atribui ainda à culpa dos cônjuges importância para efeitos patrimoniais, designadamente, para os previstos nos artigos 1790º, 1791º, 1760º e 1766º, e, também, 1792º do CC e, ainda, para efeitos de atribuição de prestação de alimentos, nos termos do disposto no artigo 2016º do CC e de atribuição da casa de morada da família (n.º 2 do artigo 84º do RAU).

6.3.2.1 Partilha dos bens comuns

O divórcio faz cessar a comunhão conjugal - se um dos regimes da comunhão vigorava - e autoriza qualquer um dos cônjuges a pedir a partilha[70], que poderá fazer-se extra-judicialmente ou por processo judicial, designado de inventário[71].

Determina, porém, o artigo 1790º que "O cônjuge declarado único ou principal culpado não pode na partilha receber mais do que receberia se o casamento tivesse sido celebrado segundo o regime da comunhão de adquiridos."[72].

Este preceito, introduzido pelo Código Civil de 1966, vem na sequência da substituição que neste Código se opera do regime supletivo da comunhão geral pelo da comunhão de adquiridos.

Para PIRES DE LIMA e ANTUNES VARELA[73], o preceito aplica-se qualquer que seja o regime de bens do casamento e a determinação há-de fazer-se em concreto ou seja, "Há que confrontar o resultado que advém, para o cônjuge tido como único ou principal culpado, da aplicação do regime convencionado ou legalmente fixado com o que se obteria mediante a aplicação do regime da comunhão de adquiridos."[74][75].

---

[70] Cfr. os artigos 1688º e 1689º do CC.

[71] Cfr. o artigo 1404º do CPC.

[72] Sendo nula a partilha que contrarie esta disposição. COELHO/OLIVEIRA/RAMOS, p. 660.

[73] LIMA/VARELA, C.C. Anotado, Vol. IV, anotação ao artigo 1790º, p.546.

[74] Veja-se, a este propósito, a discussão doutrinal constante da fundamentação do Acórdão da Relação do Porto de 01/02/1994, CJ, 1994, I, páginas 225 e seguintes, sobre a qual não se entrará, para não alongar demasiadamente este trabalho.

[75] É o que entende, também, XAVIER, p. 405.

PEREIRA COELHO entende, porém, que a disposição só se aplica se o regime de bens for o da comunhão geral, quer este seja resultante da aplicação do critério supletivo anterior à vigência do Código de 1966 quer tenha sido o convencionado pelos cônjuges. A distinção não é, de facto, inocente, na medida em que a aplicação deste preceito qualquer que fosse o regime de bens poderia levar a que o cônjuge considerado único ou principal culpado perdesse os seus bens a favor do outro, quando o que se pretende com o artigo 1790º é que este não beneficie dos bens que o outro cônjuge trouxe para o casamento ou que lhe advieram depois por herança ou doação[76].

6.3.2.2 Perda de benefícios

O número 1 do artigo 1791º dispõe que "O cônjuge declarado único ou principal culpado perde todos os benefícios recebidos ou que haja de receber do outro cônjuge ou de terceiro, em vista do casamento ou em consideração do estado de casado, quer a estipulação seja anterior quer posterior à celebraçao do casamento.". E dispõe o n.º 2 do mesmo artigo "O cônjuge inocente ou que não seja o principal culpado conserva todos os benefícios recebidos ou que haja de receber do outro cônjuge ou de terceiro, ainda que tenham sido estipulados com cláusula de reciprocidade; pode renunciar a esses benefícios por declaração unilateral de vontade, mas, havendo filhos do casamento, a renúncia só é permitida a favor destes.".

Esta solução está presente na nossa legislação do divórcio desde o primeiro momento e manteve-se até esta data: o artigo 27º da Lei do Divórcio de 1910 já previa a perda de benefícios para o cônjuge que desse causa ao divórcio[77], norma que foi acolhida pelo CC de 1966 - que lhe

---

[76] COELHO/OLIVEIRA/RAMOS, p. 659.

[77] E, bem assim, as liberalidades testamentárias com que o cônjuge inocente o tenha contemplado. Rev. Leg. Jur., 63º, 120, *apud* RODRIGUES, p. 79.

veio, aliás, conferir maior aplicabilidade[78] - e não foi eliminada nem na Reforma de 77 nem nas alterações pontuais que o regime do divórcio tem, entretanto, sofrido[79].

Como refere PEREIRA COELHO[80], a solução prevista neste preceito é uma sanção, uma "pena civil", que a lei aplica ao cônjuge considerado único ou principal culpado, o qual, tendo dado, pelo seu comportamento, causa ao divórcio, não merecerá receber os benefícios provenientes do outro cônjuge ou de terceiro relativos ao casamento. O espírito da disposição é claramente, o de castigar o culpado, pelo que, naturalmente, não terá aplicação nos casos em que não seja averiguada a culpa.

Esta disposição abrange as doações entre cônjuges, entre vivos ou *mortis causa*, em vista do casamento ou na constância do matrimónio, as deixas testamentárias em forma de legado ou de instituição de herdeiro e, finalmente, os benefícios de terceiro em vista do casamento ou em consideração do estado de casado.

No entanto, há que ver que caducam também, por força do disposto no artigo 1760º/1, b), as doações para casamento em caso de divórcio por culpa exclusiva ou principal do donatário. Estas doações caducam, bem assim, se a doação tiver sido feita por terceiro a ambos os esposados, os bens doados tiverem entrado na comunhão e um dos cônjuges for declarado único ou principal culpado, hipótese em que a caducidade atinge apenas a parte deste (1760º/2).

Por outro lado, face ao disposto no número um do artigo 1766º, ocorrendo divórcio por culpa do donatário, a doação entre casados caduca se este for considerado único ou principal culpado.

---

[78] Cfr. VAZ FERREIRA, *Comentário à Lei do Divórcio*. Bertrand, pp 135-136, que critica a limitada aplicabilidade desta solução face às causas de divórcio previstas na Lei de 1910, na medida em que, não havendo lugar averiguações de culpa quando o divórcio tivesse origem em causas objectivas, não seria de aplicar a disposição nestes casos. Ver também COELHO, *Curso ...*, 1965, p. 529.

[79] Ver, ainda, COELHO, *Curso ...*, 1965, p. 528 e ss..

[80] COELHO, *Curso ...*, 1965, p. 528, ainda com referência à Lei do Divórcio, e também COELHO, *Curso ...*, 1970, p. 353., , já com referência às normas do novo Código Civil.

Estas disposições dos artigos 1790º e 1791º, pretendem ter, sem dúvida, carácter sancionatório. Mas, como alertava PEREIRA COELHO[81], "[...] trata-se aí de sanções meramente eventuais, pois podem os cônjuges não ser casados segundo o regime da comunhão geral ou pode o cônjuge culpado não ter recebido (ou não haver de receber) quaisquer benefícios em vista do casamento ou em consideração do estado de casado.".

6.3.2.3 Obrigação de indemnização

Dispõe o n.º 1 do artigo 1792º que "O cônjuge declarado único ou principal culpado, e bem assim, o cônjuge que pediu o divórcio com o fundamento da alínea c) do artigo 1781º, devem reparar os danos não patrimoniais causados ao outro cônjuge pela dissolução do casamento.".

PEREIRA COELHO[82] defendia já, anteriormente à Reforma de 1977, que o cônjuge inocente podia pedir indemnização por danos não patrimoniais resultantes da dissolução do casamento com base no princípio geral do artigo 483º do CC.

Como refere HEINRICH HÖRSTER[83], " Esta solução do artigo 1792º vai para além das violações culposas dos deveres conjugais, cometidas ao longo do casamento, para abranger, ainda e também, os prejuízos causados de seguida.".

Ao contrário das sanções estabelecidas nos artigos 1790º e 1791º, a obrigação de indemnização estabelecida no artigo 1792º do CC não é sancionatória, antes visa a reparação dos danos de carácter moral - como a "solidão resultante da dissolução do casamento, (...) sentimentos de frustração, instabilidade e insegurança daí decorrentes, (...) desconsideração social (...)" - resultantes do divórcio[84][85].

---

[81] COELHO, *Curso ...*, *1970*, p. 267, nota 2.
[82] COELHO, *Curso ...*, *1970*, p. 367.
[83] HÖRSTER, *A Respeito da Responsabilidade Civil ...*, p. 118.
[84] CERDEIRA, ÂNGELA CRISTINA DA SILVA, *Da Responsabilidade Civil dos Cônjuges Entre Si*. Coimbra Editora, 2000, p. 136.
[85] A propósito desta obrigação de indemnizar, referem os Acórdãos da Relação do Porto de 07/02/1980, CJ, V, 1980, 1, página 29, e da Relação de Lisboa de 05/05/1981, CJ,

O legislador português ter-se-á aqui inspirado na solução preconizada pelo artigo 266º do *Code Civil*. De facto, como vimos, o direito francês atribui ao cônjuge inocente o direito a ser indemnizado pelos prejuízos materiais ou morais causados pela dissolução do casamento, sendo a prova da culpa do cônjuge no divórcio condição necessária e suficiente para a atribuição da indemnização, contanto que o cônjuge inocente prove posteriormente a existência de danos[86].

Não poderá, porém, no sistema francês haver lugar a indemnização se a culpa é repartida, o que não acontece no nosso sistema, face ao disposto no artigo 1792º, podendo haver lugar a indemnização mesmo quando haja concorrência de culpa de ambos os cônjuges, cabendo neste caso o direito a ser ressarcido àquele que for considerado menos culpado.

No entanto, contrariamente ao que acontece no direito francês, entre nós já só os danos morais resultantes do divórcio são indemnizáveis. Danos de conteúdo patrimonial, como "quando a ruptura do casamento cria uma disparidade na situação económica dos cônjuges"[87], o agravamento das condições económicas, a perda de benefícios com conteúdo económico recebidos em função do estado de casado, o acréscimo de despesas causado pela necessidade de alteração das condições habitacionais, etc., não são indemnizáveis ao abrigo desta disposição.

Note-se, no entanto, que a disposição é aplicável mesmo em casos de divórcio fundado em causas objectivas, na medida em que a lei obriga a que o juiz aprecie e declare a contribuição de cada um dos cônjuges, se a houver[88] [89].

VI, 1981, 2, página 126, respectivamente: "I - O Código Civil de 1966 não deu guarida à concepção do divórcio-sanção, com exclusão do divórcio-remédio, mas acolheu, antes, um sistema que só considerava carecidas do remédio do divórcio aquelas situações, em que a crise matrimonial resultasse da culpa de algum dos cônjuges. [...]." e " I - O divórcio não é uma sanção, com ele não se pretende castigar o culpado, mas apenas remediar uma situação de crise no casamento, objectivamente considerada. [...].".

[86] Ver supra, 4.1.3, página 63.
[87] CERDEIRA, p. 136.
[88] Cfr. os artigos 1782º/2 e 1783º do CC. Note-se que, pelo contrário, a Lei do Divórcio de 1910 mencionava como causa de divórcio a separação de facto por dez anos consecutivos sem considerações quanto à contribuição de cada um dos cônjuges para tal separação. LIMA/VARELA, *C.C. Anotado*, Vol. IV, pp. 542-543.
[89] CERDEIRA, pp. 153 e ss..

O pedido de indemnização tem de ser formulado na própria acção de divórcio[90], por razões de economia processual, sem prejuízo de, por aplicação do artigo 564º/2 do CC, se considerar que o Tribunal deve poder atender aos danos futuros na fixação do montante indemnizatório[91].

Note-se que "o pedido indemnizatório pode ser deduzido pelo cônjuge inocente ou menos culpado, quer seja ele a pedir o divórcio ou não. Por conseguinte, o pedido pode ser formulado em qualquer dos articulados ou em incidente próprio" pelo que o entendimento de que o artigo 1792º só conferiria o direito à indemnização ao cônjuge inocente ou menos culpado que não requereu, todavia, o divórcio[92] não é de aceitar na medida em que "levaria a restringir a aplicação do artigo 1792º principalmente no âmbito do divórcio-sanção, onde porventura esta norma faz mais sentido."[93] [94].

Refira-se ainda que o artigo 1792º admite a indemnização independentemente da ilicitude da conduta do lesante, na medida em que considera ressarcíveis também os danos causados ao outro cônjuge no caso de divórcio com fundamento em alteração das faculdades mentais, sem consideração de culpa[95].

A obrigação de indemnização pelos danos causados pela dissolução do casamento não se confunde, no entanto, com a indemnização devida, nos termos gerais, pelos fundamentos dessa dissolução[96].

---

[90] Cfr. o número 2 do artigo 1792º.

[91] CERDEIRA, pp. 154-155.

[92] CERDEIRA, p. 157 e nota 377, na mesma página.

[93] CERDEIRA, p. 158.

[94] Neste sentido, aliás, e citando também PEREIRA COELHO, se decidiu no douto Acórdão do STJ de 18/02/1986, in BMJ, 354, pp. 567 e ss.: "I - Os danos não patrimoniais causados pelo próprio divórcio, contemplados no artigo 1792o do Código Civil, podem ser pedidos, em reconvenção, na acção de divórcio. II - O direito à indemnização em causa tem-no o cônjuge inocente ou menos culpado, independentemente da circunstância de o divórcio ter ou não sido requerido por ele.".

[95] Trata-se aqui, segundo ÂNGELA CERDEIRA, de um caso de responsabilidade civil por factos lícitos, com natureza contratual. CERDEIRA, p. 159.

[96] Veja-se o que refere os doutos Acórdãos do STJ, de 13/03/1985, in BMJ, 345, pp. 414 e ss. - "O artigo 1792º do Código Civil compreende unicamente os danos não pa-

Nestes casos, a verdade é que doutrina dominante continua a pronunciar-se pela fragilidade da garantia dos direitos familiares pessoais.

Tradicionalmente, os Autores distinguem os direitos de família dos direitos de crédito[97], salientando a fragilidade da garantia dos direitos familiares pessoais em consequência da sua distinta natureza[98], pelo que, no tratamento dos pressupostos da responsabilidade civil se considera que a violação destes direitos não dará origem a qualquer obrigação de indemnizar[99].

De acordo com a teoria da fragilidade da garantia, se um dos cônjuges violasse direitos ou ofendesse interesses do outro, o cônjuge ofendido não poderia exigir o cumprimento nem o cônjuge culpado deste ilícito matrimonial incorreria em obrigação de indemnizar: restaria ao cônjuge inocente requerer o divórcio (ou a separação judicial), com fundamento na violação culposa de deveres conjugais[100], contanto que tal violação, pela

---

trimoniais causados pelo próprio divórcio, devendo o respectivo pedido de indemnização ser obrigatoriamente formulado na acção de divórcio. II - Os danos ocasionados directamente pelos factos em que se fundamenta o divórcio, sejam de natureza patrimonial ou não, podem dar lugar à obrigação de indemnizar, nos termos do artigo 483º do Código Civil, devendo a indemnização ser solicitada em processo comum de declaração. III - Se, em acção de divórcio, forem provados exclusivamente danos resultantes dos factos em que se fundamenta o divórcio, o tribunal não pode conceder indemnização ao cônjuge lesado, ainda que invoque o artigo 483º, em vez do artigo 1792º." - e de 23/03/1988, in BMJ, 375, pp. 390 e ss.: "I - O artigo 1792º do Código Civil apenas prevê a reparação de danos não patrimoniais causados pelo próprio divórcio, excluindo todos aqueles que hajam sido causados por factos anteriores ao divórcio, designadamente, pelos factos que lhe serviram de fundamento. II - A reparação dos danos causados por factos anteriores ao divórcio, ou pelos factos que lhe serviram de fundamento, apenas pode ser exigida em processo comum de declaração e com base nas regras da responsabilidade civil - artigo 483º do Código Civil. III - Pedida em processo de divórcio a reparação dos danos emergentes dos factos que serviram de fundamento ao divórcio, verifica-se, nessa parte, erro na forma de processo, que tem como consequência a absolvição da instância.".

[97] Ver CORDEIRO, ANTÓNIO MENEZES, *Tratado de Direito Civil Português, I, Parte Geral, Tomo I*. Coimbra: Livraria Almedina, Março 1999, pp. 127 e ss..

[98] Ver, a propósito da estrutura dos direitos familiares pessoais enquanto direitos de estrutura complexa, HÖRSTER, *A Parte Geral ...*, pp. 254 e ss.

[99] CERDEIRA, p. 9

[100] CERDEIRA, pp. 10-11.

sua gravidade e reiteração, tenha comprometido a possibilidade de vida em comum[101].

Algumas vozes se levantam já, todavia, contra este tipo de entendimento, mas escasseiam ainda trabalhos e, sobretudo, decisões judiciais a apoiá-las.

HEINRICH HÖRSTER defende que[102] se "[...] Deve ser respeitada a orientação da lei no sentido de evitar, ou de limitar ao estritamente indispensável, quaisquer intromissões judiciais na intimidade do casal enquanto existir a comunhão de vida entre os cônjuges.", "[...] Se deixou de haver comunhão de vida em virtude de divórcio [...], nada proíbe que as responsabilidade venham a ser pedidas.".

Levantam-se, pois, sérias dúvidas acerca de saber se os princípios da responsabilidade civil se aplicam ao conjunto de direitos e deveres - de conteúdo pessoal e patrimonial - próprios da relação matrimonial ou se, pelo contrário, o divórcio (e a separação judicial de bens ou de pessoas e bens), concebido como sanção específica do direito da família, afastará o recurso às normas da responsabilidade civil[103].

O problema coloca-se apenas no que se refere ao "ilícito conjugal", à reparação dos danos causados pela violação de deveres conjugais. Quando o facto susceptível de gerar responsabilidade é classificado como ilícito fora da relação matrimonial, é pacífico que se aplicam as normas da responsabilidade civil[104 105 106].

---

[101] Cfr. o artigo 1779º/1 do CC.
[102] HÖRSTER, *A Respeito da Responsabilidade Civil ...*, pp. 122 e ss.
[103] CERDEIRA, p. 13.
[104] CERDEIRA, pp. 14-15.
[105] Este princípio é incontestável no direito continental actual - nos ordenamentos jurídicos da *common law*, no entanto, o casamento gerava uma espécie de imunidade entre os cônjuges, que estavam legalmente impedidos de intentar acções com vista à reparação dos danos causados entre eles. Esta *interspousal immunity* tinha por fundamento o princípio da *unity of spouses*, segundo o qual marido e mulher constituíam juridicamente uma só pessoa, pelo que nenhum acto ilícito praticado por um dos cônjuges contra o outro poderia gerar responsabilidade civil, mesmo depois do divórcio, com uma única excepção encontrada na acção penal. O princípio da *unity of spouses* deu entretanto lugar à tutela da harmonia familiar e da paz doméstica enquanto fundamentos da *interspousal immunity*. O princípio da imunidade inter-conjugal entrou, no entanto, em declínio nos países da *com-*

O contrato de casamento determina para os cônjuges um conjunto de efeitos jurídicos na sua esfera pessoal e patrimonial. Quer consideremos o divórcio como sanção cominada contra o incumprimento dos deveres conjugais quer não, quer entendamos que ambas as perspectivas, face ao sistema português, são de admitir, os direitos familiares pessoais continuam garantidos de forma frágil a não ser que lhes possamos aplicar, contra a doutrina dominante, as regras da responsabilidade civil[107], sendo certo, porém, que os efeitos do divórcio podem representar uma verdadeira sanção civil contra o cônjuge culpado, mesmo quando a causa do divórcio é objectiva[108].

ÂNGELA CERDEIRA[109] considera que os deveres conjugais constituem verdadeiros poderes jurídicos de exigir do outro cônjuge o respectivo cumprimento e não meros poderes de pretensão, como acontece nas obrigações naturais.

As infracções aos deveres conjugais sempre tiveram consequências civis - fundamento da acção de divórcio ou de separação judicial e da consequente obrigação de indemnização - e até penais: o adultério foi considerado crime até ao Código Penal de 1982, a infracção do dever de cooperação era criminalizada até à reforma de 1995 do Código Penal, a violação do dever de assistência constitui crime previsto e punido no artigo 250º e, por último, a violação do dever de respeito pode consubstan-

---

mon law, sentindo-se, ainda, porém, algumas dificuldades na aplicação das normas da responsabilidade aos cônjuges entre si. Os sistemas continentais também conheceram, durante algum tempo, o princípio da *interspousal immunity* largamente por omissão, em função da total ausência de decisões judiciais sobre a questão. CERDEIRA, p. 17-53.

[106] Quanto à questão de saber se a responsabilidade civil por danos decorrentes de ilícitos matrimoniais terá natureza contratual ou extracontratual, ver CERDEIRA, pp. 61 e ss., nomeadamente no que toca ao problema da inaplicabilidade da presunção de culpa consagrada no artigo 799º do CC às acções de divórcio litigioso com fundamento em violação culposa dos deveres conjugais face ao ónus da prova prescrito pelo artigo 1779º e ao pedido de indemnização pelos danos resultantes do divórcio, face ao disposto no artigo 1792º.

[107] CERDEIRA, pp. 80-81.
[108] CERDEIRA, p. 86.
[109] CERDEIRA, p. 95.

ciar ilícito criminal, se preencher um tipo legal de crime, como o de ofensas corporais, injúrias ou difamação[110].

Nos casos em que a violação de deveres conjugais implique simultaneamente a violação de um direito de personalidade, a doutrina tradicional admite o recurso à responsabilidade civil, independentemente de a violação constituir ou não fundamento de divórcio ou separação[111], considerando-se nesse caso que a fragilidade da garantia cede em face da "sanção provocada pela violação simultânea de um outro direito subjectivo privada em relação ao qual a garantia funciona, como deve ser, sem restrições."[112]. Mas, quando tal simultaneidade não exista, a doutrina tradicional tem entendido que o cônjuge lesado não poderá exigir o cumprimento ou ser ressarcido pelos danos, restando-lhe o recurso ao divórcio/separação judicial.

Várias decisões jurisprudenciais contestam já, todavia, este entendimento, existindo decisões em que os Tribunais consideraram indemnizáveis, em processo comum, danos de carácter não patrimonial independentemente de estes terem também constituído ou não fundamento de acção de divórcio ou separação e de indemnização fundada em responsabilidade pelos danos causados pelo próprio divórcio, ao abrigo do artigo 1792º[113]. Entendeu-se também que o recurso à acção de responsabilidade civil não está reservado ao cônjuge que obteve o divórcio, podendo a indemnização ser concedida a qualquer dos cônjuges que logre provar que sofreu danos resultantes da violação por parte do outro de direitos familiares pessoais (muito embora a acção de indemnização seja normalmente intentada pelo cônjuge que requereu o divórcio)[114].

HEINRICH HÖRSTER entende que "os direitos familiares pessoais - pese embora a sua natureza "sui generis" - são concebidos como direitos privados, o que significa que lhes subjaz o binómio "liberdade-respon-

---

[110] CERDEIRA, pp. 86-95.
[111] CERDEIRA, p. 112.
[112] HÖRSTER, *A Respeito da Responsabilidade Civil ...*, p. 116.
[113] Cfr. os Acórdãos da Relação do Porto, de 7/12/1980; do STJ de 26/06/1991, in BMJ, 408º, pp. 538 ss.; da Relação do Porto de 20/10/1988, in CJ, 1988, IV, pp. 301 ss..
[114] CERDEIRA, pp. 115-120.

sabilidade"", que não é de afastar pelo facto de o "sujeito do direito e o sujeito do dever de o respeitar se encontrarem casados". Pelo contrário, "o casamento antes aumenta a responsabilidade entre quem o contraiu, mas não a diminui."[115].

Questão diferente é, ainda, a da indemnização por danos de natureza patrimonial nas relações entre cônjuges, que não se encontraria já abrangida pela fragilidade da garantia dos direitos familiares pessoais, mas que na doutrina ainda está fortemente ligada à natureza específica das relações familiares.

No que se refere, nomeadamente, aos deveres de administração consagrados nas alíneas do número 2 do artigo 1678º do CC, em face do disposto no artigo 1681º o cônjuge administrador está, desde logo, dispensado de prestar contas e, por outro lado, responde apenas pelos danos praticados com dolo, ficando assim a afastada a responsabilidade fundada em mera culpa e a responsabilidade por omissões[116].

Sem prejuízo da limitação estabelecida no artigo 1681º à responsabilidade do cônjuge administrador, o cônjuge cujo património seja posto em risco pela administração do outro de forma grave e persistente pode requerer a separação judicial de bens, nos termos do disposto no artigo 1767º do CC[117].

A Reforma de 1977 introduziu duas excepções à regra da irresponsabilidade do cônjuge administrador: quando a administração se funde em mandato, caso em que se aplicam as regras estabelecidas para este con-

---

[115] HÖRSTER, *A Respeito da Responsabilidade Civil* ..., pp. 116-117.

[116] Embora a doutrina e a jurisprudência estejam divididas quanto às omissões intencionais. CERDEIRA, pp. 123-124.

[117] Medida que HEINRICH HÖRSTER, no entanto, considera "[...] uma sanção "in extremis", visto ela só ser viável quando um dos cônjuges estiver em risco de perder o que é seu pela má administração do outro. Convenhamos que esta solução, em termos de sanção, é pouco ou, melhor, nada. Quer dizer, estamos aqui perante a continuação, dentro do próprio campo dos direitos familiares patrimoniais, da ideia da "fragilidade da garantia", concebida para os direitos familiares pessoais, e isto apesar de ser perfeitamente pacífico que os direitos familiares patrimoniais não apresentam qualquer natureza *"sui generis"* (...) de modo que, sobre este aspecto, a garantia poderia funcionar perfeitamente." HÖRSTER, *A Respeito da Responsabilidade Civil* ..., pp. 118-19.

trato[118] e quando haja administração de facto com expressa oposição do outro cônjuge, caso em que o cônjuge administrador responderá como possuidor de má fé, no domínio da responsabilidade pelo risco[119][120].

Também no que diz respeito a actos de disposição a lei impede que o cônjuge disponente sem o consentimento do outro seja responsabilizado pelos danos resultantes da sua actuação, muito embora HEINRICH HÖRSTER e ÂNGELA CERDEIRA defendam a possibilidade de concorrência da acção de anulação com a acção ressarcitória[121][122].

6.3.2.4 Obrigação de alimentos

A obrigação de prestação de alimentos entre cônjuges divorciados ou separados judicialmente de pessoas e bens tem o regime previsto nos artigos 2016º e 2019º e, ainda, nas disposições gerais contidas nos artigos 2003º e seguintes do CC.

A alínea a) do n.o 1 do artigo 2016º do CC nega ao cônjuge declarado único ou principal culpado no divórcio - se este tiver sido decretado com fundamento no disposto no artigo 1779º ou nas alíneas a) e b) do artigo 1781º- ou, ainda, ao cônjuge réu, caso o divórcio tenha sido decretado com fundamento na alínea c) do artigo 1781º[123], o direito a alimentos. Note-se que o direito à prestação de alimentos não fica aqui recusado ao cônjuge simplesmente declarado culpado, mas ao cônjuge declarado único ou principal culpado. Sendo iguais as culpas de ambos os cônjuges,

---

[118] Cfr. os artigos 1157º a 1184º do CC.
[119] HÖRSTER, *A Respeito da Responsabilidade Civil ...*, pp. 119-120.
[120] CERDEIRA, pp. 125-130.
[121] HÖRSTER, *A Respeito da Responsabilidade Civil ...*, pp. 120 ss.
[122] CERDEIRA, pp. 133 e ss.
[123] Mais uma vez, o legislador ter-se-á esquecido de alterar a redacção destas alíneas a) e b) do n. 1 do artigo 2016º no sentido de adaptá-las à alteração introduzida pelo Decreto-Lei 47/98 ao artigo 1781º. A alínea a) daquele artigo deveria, agora, referir-se às alíneas a), b) e c) deste, e a alínea b) daquele, à alínea d) deste último.

pode qualquer deles exigir alimentos ao outro (alínea c) do artigo 2016º)[124].

No entanto, o Tribunal poderá, excepcionalmente, "[...] Por motivos de equidade, conceder alimentos ao cônjuge que a eles não teria direito [...], considerando, em particular, a duração do casamento e a colaboração prestada por esse cônjuge à economia do casal.", como resulta do disposto no n.º 2 do artigo 2016º.

Para além disso, dispõe o n.º 3 deste artigo que o Tribunal deverá ter em conta, na fixação do montante de alimentos devido, para além de outras circunstâncias, também as "qualificações profissionais e possibilidades de emprego" dos cônjuges e o "tempo que terão de dedicar, eventualmente, à criação de filhos comuns".

A natureza do direito a alimentos - ou do dever de alimentos - é questão controvertida na doutrina, havendo quem lhe atribua natureza alimentar e quem lhe adjudique natureza indemnizatória e, ainda, quem considere ter esta carácter misto[125][126].

Alguma doutrina, particularmente francesa, combina as duas ideias, falando de "indemnização alimentar" ou "prestação compensatória", ou seja, de "[...]Uma reparação, sob a forma de obrigação de alimentos, do prejuízo resultante da extinção antecipada do dever de assistência, dever de que aquela obrigação de alimentos seria, não propriamente o prolongamento, mas a substituição."[127][128].

CARBONNIER ensina, porém, que as *prestations compensatoires* previstas nos a. 270 s. do *Code Civil* não são nem, por um lado, um prolongamento do dever de assistência nem, por outro lado, indemnizações destinadas a reparar os danos emergentes da dissolução do casamento, não estando, pois, inseridas no campo delitual. São, antes, um valor destinado

---

[124] Cfr. o Acórdão da Relação do Porto de 13/04/1989, CJ, 1989, II, pp. 223 e ss..
[125] CERDEIRA, p. 162.
[126] Ver também VARELA, *Direito da Família*, p. 525.
[127] COELHO, FRANCISCO MANUEL PEREIRA, *Curso de Direito da Família*, 1986.
[128] Ver também o que refere CERDEIRA, p. 161.

a restabelecer o equilíbrio das condições económicas de vida[129] [130]. Diferente é a figura da pensão alimentar decorrente da manutenção do dever de assistência (*devoir de secour*), previstas nos artigos 281 e seguintes do *Code*, características do modelo de divórcio por ruptura da vida em comum, que não tem, bem assim, por maioria de razão, carácter delituoso[131] [132].

Também em Espanha, a *pensión compensatoria* é fundamentada em razões de reequilíbrio das condições de vida, não tendo natureza indemnizatória nem alimentar[133] [134].

PEREIRA COELHO entende que, não obstante a disposição da alínea a) do n.º 1 do artigo 2016º, a obrigação de alimentos não tem, no nosso sistema, natureza indemnizatória, atento o disposto no artigo 2004º, na alínea b) do artigo 2013º e nos números 2 e 3 do artigo 2016º e, ainda, a impossibilidade de renúncia, transmissão ou hereditabilidade deste direito[135] [136].

Também ÂNGELA CERDEIRA defende que o dever de prestar alimentos não tem, no nosso sistema, natureza indemnizatória, na medida em que o seu regime não é o que resultaria da aplicação dos principio da responsabilidade civil[137].

Entendemos, todavia, que a componente sancionatória, de índole compensatória, do direito a alimentos no sistema português não pode, ainda assim, ser ignorada.

---

[129] "*la valeur que l'un des conjoints doit fournir à l' autre afin de rétablir entre eux, au sortir du mariage, l'équilibre des conditions pécuniaires de vie.*"
[130] CARBONNIER, pp. 610-611.
[131] CARBONNIER, pp. 615 e ss..
[132] Ver, supra, 4.1.3, páginas 63 e seguintes.
[133] ARENAS.
[134] Ver supra, 4.1.1, páginas 50 e seguintes.
[135] COELHO, *Curso ..., 1965*, pp. 532 e ss..
[136] Contra, veja-se o Acórdão do STJ de 13/11/1990, BMJ, 401, 1990, pp. 591 e ss., no qual se defende que "a obrigação de alimentos tem dupla natureza, indemnizatória e alimentar".
[137] Tanto que "(...) o montante dos alimentos não se mede pelo prejuízo sofrido, mas pelas necessidades do alimentando e pelos recursos do alimentante; sendo iguais as cul-

Para GUILHERME DE OLIVEIRA, o regime dos alimentos devidos a ex-cônjuges no sistema português não tem evoluído a par com a tendência europeia, porquanto não está entre nós "consagrada a chamada "prestação compensatória" ou "prestação de desequilíbrio" que vigora em muitos países. O nosso direito mantém apenas a prestação alimentar, onde também releva a culpa verificada na acção de divórcio." E também no que respeita à medida desta pensão, "nunca foi claro se a pensão visa apenas socorrer o ex-cônjuge com os meios de sobrevivência indispensáveis ou se pretende antes mantê-lo no standard económico a que ele se habituou durante o casamento", sendo que a maioria da doutrina defende esta segunda medida, aproximando assim a nossa pensão da "pensão por desequilíbrio" que encontramos noutros países da Europa[138].

De facto, muito embora o critério utilizado para aferir do direito a alimentos seja o da ponderação entre as necessidades do requerente e as possibilidades do requerido, e pese embora a disposição do número 2 do artigo 2016º - que reveste natureza de excepção - a verdade é que o pressuposto base continua a ser o da culpa, à qual o Tribunal tem de atender e que necessariamente influencia a decisão a tomar na fixação dos alimentos[139].

A sanção não vai ao ponto de obrigar à prestação de alimentos o cônjuge considerado único ao principal culpado que não tenha meios de os prestar ou de o obrigar a tal mesmo quando o cônjuge inocente claramente deles não tenha necessidade, mas a verdade é que, verificados tais pressupostos, o cônjuge considerado único ou principal culpado no divórcio será obrigado a prestá-los ao cônjuge inocente. Só excepcionalmente e

---

pas, qualquer um deles pode exigir alimentos ao outro; a lei admite que, excepcionalmente, por motivos de equidade, se possa conceder o direito a alimentos a cônjuge considerado único ou principal culpado; trata-se de um direito não renunciável, nem transmissível; o dever de prestar alimentos cessa se o alimentando deixar de ter, deles, necessidade; e cessa, também se o alimentando contrair novo casamento; a, ainda, por morte do alimentando ou do alimentante." CERDEIRA, p. 162.

[138] OLIVEIRA, Um direito da família europeu?, pp. 327-328.

[139] Nesse sentido, também COELHO, Curso ..., 1965, pp. 537, nota (3) e COELHO//OLIVEIRA/RAMOS, pp. 675 e ss.

ancorado em critérios de equidade a lei permite que o Tribunal conceda alimentos ao cônjuge culpado. Note-se, ainda, que os juízos de equidade são largamente subjectivos, sendo que o facto de a disposição ser excepcional e de o requerente de alimentos ter sido culpado no divórcio são factores que não podem deixar de pesar sobre a decisão judicial[140].

Note-se, aliás, que a Lei do Divórcio de 1910 concedia a qualquer dos cônjuges, que deles carecesse, o direito a alimentos, independentemente de considerações de culpa[141].

---

[140] PRATA, ANA, *Dicionário Jurídico*. 3.ª edição. Coimbra: Almedina, 1990, p. 245:

"Chama-se juízo de equidade àquele em que o juiz resolve o litígio de acordo com um critério de justiça, sem recorrer a uma norma pré-estabelecida. Julgar segundo a equidade significa, pois, dar a um conflito uma solução que parece ser a mais justa, atendendo apenas à características da situação e sem recurso à lei eventualmente aplicável. A equidade tem, consequentemente, conteúdo indeterminado, variável historicamente, de acordo com as concepções de justiça dominantes em cada sociedade e em cada momento histórico.".

[141] Veja-se o Ac da Relação de Lisboa, de 3-11-1937, *apud* RODRIGUES, pp. 127-128:

"O ex-cônjuge culpado, seja qual for o motivo por que o divórcio foi decretado, tem direito a pedir alimentos ao outro cônjuge, se deles carecer. [...]. Os termos claros e genéricos, sem restrição alguma, como está redigido o artigo 29º do Decreto de 3 de Novembro de 1910, não permitem que se faça a menor distinção, para efeitos de alimentos, entre cônjuge inocente e cônjuge culpado, quere dizer, uma vez decretado o divórcio, qualquer dos cônjuges que carecer de alimentos, tem o direito a exigir do outro, que lhos preste. [...].".

E ainda, o Acórdão do STJ de 14-2-1947, também *apud* RODRIGUES.

"O facto de o divórcio ter sido decretado com o fundamento do adultério da mulher, não implica que ela não possa pedir alimentos, deles carecendo. O direito a alimentos e a obrigação de prestá-los só cessa se o cônjuge que os receber se tornar indigno de tal benefício por seu comportamento moral.".

O Autor não cita, aliás, qualquer solução em sentido contrário ao espelhado nestes Acórdãos.

6.3.2.5 Casa de morada da família

Cessando o vínculo conjugal por divórcio, a casa de morada da família deixa, obviamente, de o ser. Haverá, no entanto, que decidir o destino a dar-lhe, seja por acordo entre os cônjuges, seja por decisão do Tribunal.

No divórcio por mútuo consentimento, a existência de acordo é pressuposto do decretamento[142 143], o que, naturalmente, não acontece no caso de divórcio litigioso, sem prejuízo da possibilidade, também nesta sede, de os cônjuges chegarem a acordo quanto à atribuição da casa de morada da família[144 145].

Existindo acordo, o problema, é claro, não se põe[146].

---

[142] Cfr. os artigos 1774º/2, 1775º/2 e 1778º do CC, 1407º/3 e 4 e 1419º/1, f) do CPC, e 272º, número 1, alínea f) do CRC, com a redacção introduzida pelo DL 272/2001. O acordo deve ser apresentado com o requerimento inicial e, caso não resulte do teor dele coisa diferente, entende-se que se destina quer ao período de pendência do processo quer ao período posterior ao decretamento do divórcio (1419º/2 CPC). Este acordo, depois de homologado - por sentença ou decisão do conservador - não pode ser alterado posteriormente. RAMIÃO, pp. 67-68.

[143] Acordo que, no entanto, não está na plena disponibilidade das partes, já que carece de homologação, pelo que o Tribunal ou o conservador do registo civil terão a última palavra. Cfr. os artigos 1775º, número 2, 1776º número 2 e 1778º do CC - no caso de o divórcio, resultando de conversão de acção litigiosa, seguir termos no Tribunal - e os artigos 14º/1 e 16º do DL 272/2001, de 13 de Outubro e 1778º-A do CC, caso o divórcio tenha sido originariamente requerido por mútuo consentimento, seguindo obrigatoriamente termos na Conservatória do Registo Civil competente.

[144] Aliás, dispõe o artigo 1407º do CPC que, recebida a petição de divórcio, deverá o juiz marcar data para a realização de uma tentativa de conciliação, na qual procurará obter o acordo das partes para que o processo siga os termos do divórcio por mútuo consentimento (cfr. 1774º/2, 1a parte, do CC e 1407º/2, 1a parte, do CPC), procurando, ainda, nomeadamente, obter o acordo dos cônjuges quanto à utilização da casa de morada da família na pendência da acção, podendo, frustrado o acordo, a requerimento de uma das partes ou oficiosamente, fixar o respectivo regime provisório (1407º/7C.P.C.).

[145] CID, NUNO DE SALTER, *A Protecção da Casa de Morada da Família no Direito Português*. Coimbra: Almedina, 1996, pp. 316 e ss..

[146] Levantando-se, quanto a estas situações - por certo, invulgares - em que as partes não chegam a acordo quanto à possibilidade de conversão do processo de divórcio, mas já

Na falta de acordo quanto ao destino da casa[147], porém, dispõe o artigo 1793° do CC que o Tribunal decidirá, tendo em conta determinadas circunstâncias, dar de arrendamento a casa a algum dos cônjuges, caso esta seja propriedade comum dos cônjuges ou bem próprio de um deles (e, bem assim, detido em compropriedade exclusiva aos cônjuges ou objecto de um direito de uso pertencente a ambos os cônjuges, cujo regime permita um arrendamento)[148][149].

E quais são os factores a que o Tribunal deve atender nessa decisão?

Tratando-se de casa arrendada[150], sujeita, pois, às normas do RAU, dispõe o n.º 1 do artigo 84° deste normativo que "podem os cônjuges acordar em que a posição de arrendatário fique pertencendo a qualquer deles.". Não havendo acordo, a norma do n.º 2 determina que o Tribunal decidirá, tendo em conta "a situação patrimonial dos cônjuges, as circuns-tâncias de facto relativas à ocupação da casa, o interesse dos filhos", "o facto de ser o arrendamento anterior ou posterior ao casamento e outras razões atendíveis"[151] e, ainda, "a culpa imputada ao arrendatário na separação ou divórcio"[152][153][154].

---

o logram quanto à utilização da casa de morada da família, as mesmas questões, designadamente, quanto à homologação e aos interesses objecto de protecção, que se levantam nos acordos lavrados nos processos de divórcio por mútuo consentimento. CID, p. 322.

[147] Muito embora possa ter existido acordo quanto à respectiva utilização na pendência da acção.

[148] CID, p. 322.

[149] E, ainda, sobre a possibilidade de o Tribunal integrar a lacuna nos casos em que existe um direito de habitação ou um simples comodato, CID, p. 322, nota 68.

[150] "Tem-se entendido que a atribuição deste direito ao arrendamento a um dos ex--cônjuges tem caracter patrimonial, muito embora possa ser difícil determinar o seu preciso valor económico. Acerca da determinação desse valor, podem consultar-se os Acórdãos da Relação de Coimbra de 13-10-87, in BMJ n.o 370, pág. 622, e de 5-7-89, in CJ, ano XIV, t. 4, pág. 54." SOUSA, ANTÓNIO PAIS DE, *Anotações ao Regime do Arrendamento Urbano*. 6.ª edição. Editora Rei dos Livros, 2001, anotação 5. ao artigo 84.º, p. 267.

[151] O que significa que a enumeração não é taxativa. Veja-se, no entanto, o que refere SOUSA, nota I, ao artigo 84.º, p. 266: "Acerca deste ponto disse o Supremo (v. Acórdão. de 5-7-88, in Trib. Just., n.o 47, pág. 23) que os vários factores enumerados nesse n.º 2 [do artigo 84° do RAU], não são taxativos nem obedecem a qualquer ordem preferencial ou hierárquica. Mas outro Acórdão do mesmo Tribunal (de 2-4-87, in *BMJ*, n.º 366, pág. 502) entendeu que deve ser estabelecida uma certa diferenciação hierárquica em cada caso

No outro leque de hipóteses (ser a casa bem comum, etc.), o artigo 1793º do CC estabelece que o Tribunal deverá ter em consideração "nomeadamente, as necessidades de cada um dos cônjuge e o interesse dos filhos do casal"[155 156].

Os factores atendíveis numa e na outra hipóteses são, pois, substancialmente idênticos, ainda que a norma do artigo 1793º do CC não proceda a uma enumeração tão detalhada quanto a norma citada do RAU[157 158].

---

concreto e segundo aquilo que o bom senso indicar como a solução mais justa. Aliás o Tribunal que haja de decidir, deve debruçar-se sobre os fundamentos em que assentou o decretamento do divórcio e aproveitar todos os elementos úteis que possam constar da respectiva decisão. Em último termo, como sentenciou o STJ (Acórdão. de 20-4-91, in BMJ n.º 446, pág. 288), o que a Lei pretende é que a casa de morada da família, instalada em imóvel arrendado, passe a ser utilizada pelo co-cônjuge a quem for mais "justo" atribuí-la, ou seja, a quem mais dela necessitar, "proteger o que mais seja atingido quanto à estabilidade de habitação familiar".".

[152] Cfr. os Acórdãos do STJ de 19/06/1980, BMJ, 298, p. 329, de 17/06/1975, BMJ, 248, p. 431 e de 16/10/1979, BMJ, 290, p. 415. Contra, o Acórdão do STJ de 23/03/1995, BMJ, 445, 1995, pp. 544 e ss., segundo o qual a disposição do artigo 1793º, que permite que a casa de morada da família, propriedade de um dos cônjuges, possa ser atribuída em arrendamento ao outro, não tem por fundamento a culpa. "Não se trata, efectivamente, de um resultado do ajuste de contas desencadeado pela crise do divórcio, que a lei queira resolver ainda com base na culpa do infractor, mas de uma necessidade provocada pela separação definitiva dos cônjuges, que a lei procura satisfazer com os olhos postos na instituição familiar.".

[153] SOUSA, pp. 265-268.

[154] Esta regra já é, aliás, entre nós bem antiga. Dispunha o artigo 45º da Lei n.º 2.030 de 22 de Junho de 1948 que "1- Requerida a separação de pessoas e bens ou o divórcio, podem os cônjuges acordar em que o direito ao arrendamento para habitação fique pertencendo ao não arrendatário. Na falta de acordo, o juiz a requerimento de qualquer dos interessados, decidirá na sentença, tendo em conta a sua situação patrimonial, as circunstâncias de facto relativas à ocupação da casa, o interesse dos filhos, a culpa do arrendatário na separação ou divórcio e o facto de o arrendamento ser anterior ou posterior ao casamento.". A norma do artigo 84º do RAU é pois uma transcrição praticamente literal desta. Ver RODRIGUES, p. 10.

[155] Enumeração que, mais uma vez, não é taxativa.

[156] CID, p. 324.

[157] Neste sentido, CID, pp. 324-325, nota 71.

Cfr., também, o Acórdão do STJ, de 19/11/1991, BMJ, 411, 1991, pp. 578 e ss. e, em sentido contrário, o Acórdão do STJ de 02/04/1987, BMJ, 366, 1987, pp. 502 e ss..

Qual é, no entanto, a importância relativa de cada um dos factores aludidos, designadamente, da culpa?

PEREIRA COELHO defende[159] que o "[...] Critério geral orientador na atribuição do direito ao arrendamento na sequência do divórcio" deverá ser o da premência da necessidade da casa, ainda que tal "necessidade não venha expressamente referida no texto em apreço mas só enquanto a ela se reportam a situação patrimonial dos cônjuges e o interesse dos filhos, factores estes a atender na avaliação da premência da necessidade da casa, [...] sem prejuízo, porém, de se dever atender a outros factores, se bem que colocados em plano secundário, como a culpa imputada[160] na acção de divórcio [...]."[161] [162].

LEITE DE CAMPOS sustenta, porém, que o artigo 1793º tem de ser "entendido com particulares precauções, e no quadro do sistema de divórcio sanção previsto no Código Civil" pelo que "só terá o direito ao arrendamento da casa o cônjuge inocente, ou pelo menos não declarado principal culpado" sob pena de se estar a ir "contra o espírito que anima o sistema de divórcio, a partilha de bens depois do casamento e a perda de benefícios que ao cônjuge culpado ou principal culpado se vê infligida."[163].

---

[158] Contra, LIMA/VARELA, *C.C. Anotado, Vol. IV*, anotação ao artigo 1793º.

[159] COELHO, *Curso ..., 1970,* pp. 367 e ss..

[160] A qualquer um dos cônjuges, mesmo que se trate, por exemplo, do cônjuge não arrendatário. CID, pp. 332, texto e nota 85.

[161] É o que resulta também do texto do Acórdão do STJ de 03/11/1982, *apud* CID, p. 327, nota 76, páginas 409-411.

[162] Ver também COELHO/OLIVEIRA/RAMOS, p. 668.

[163] CAMPOS, *Lições ...,* pp. 307.

7. CRÍTICA. RELEVÂNCIA DA CULPA: ANACRONISMO OU EXIGÊNCIA DE JUSTIÇA?

"Divorce creates many problems. One question always arises. It concerns how the property of the husband and wife should be divided and whether one of them should continue to support the other. Stated in the most general terms, the answer is obvious. Everyone would accept that the outcome on these matters, whether by agreement or court order, should be fair. More realistically, the outcome ought to be as fair as is possible in all the circumstances. But everyone's life is different. Features, which are important when assessing fairness, differ in each case. And, sometimes, different minds can reach different conclusions on what fairness requires. Then fairness, like beauty, lies in the eye of the beholder."[1] .

1

("O divórcio cria inúmeros problemas. Uma questão é sempre levantada: qual é a melhor forma de dividir a propriedade do marido e da mulher e deverá um deles continuar a sustentar o outro? Em termos gerais, a resposta é óbvia. Todos concordarão em que o resultado, nestas matérias, quer seja obtido por acordo ou determinado por decisão judicial, deverá justo De forma mais realista, deveremos afirmar que o resultado deverá ser tão justo quanto possível sob as circunstâncias concretas. Mas todos vivemos de forma diferente e as circunstâncias são distintas em cada caso. Acresce que, por vezes, cada cabeça lavra a sua sentença acerca do que requer a justiça no caso concreto. E aí, a justiça, como a beleza, está nos olhos de quem vê."). Lord Nicholls of Birkenhead, *apud* MARTIN, p. 224.

A "questão" - ou as "questões" - do divórcio" são hoje fundamentalmente duas: "a de saber se os condicionamentos e limitações ao direito de pedir o divórcio [...] se manterão ou irão caindo um a um"[2] e a de saber qual a relevância que, nos efeitos do divórcio, deve ter a ponderação da contribuição de cada um dos cônjuges.

Vimos[3] que a solução para as questões da definição e enquadramento do instituto do divórcio depende, nas legislações modernas, da concepção global da família que se assume como ponto de partida.

Vimos também que, na tendência que adoptam já muitas legislações ocidentais, que é a de ver a família como formação social, constitucionalmente tutelada enquanto instrumento do pleno desenvolvimento dos membros individuais que a constituem e para garantia dos direitos fundamentais destes, na qual o divórcio aparece como extrema medida de tutela atribuída ao indivíduo contra a intolerável compressão dos seus direitos fundamentais causada por uma situação familiar comprometida, o problema fulcral é o de saber qual o espaço que resta para o princípio da culpa enquanto valoração negativa que o ordenamento jurídico faz da conduta recíproca dos cônjuges, da qual retira consequências sancionatórias, no âmbito das relações patrimoniais e pessoais.

No que diz respeito aos efeitos patrimoniais, particularmente no que se prende com o direito a alimentos, emerge um novo critério: o da "auto--responsabilidade", segundo o qual cada um dos cônjuges deve poder suprir, com meios próprios ou com o seu trabalho, à sua própria manutenção, após o divórcio.

A concessão de alimentos - que busca, com alguma controvérsia, a sua justificação numa espécie de manutenção da solidariedade conjugal após o matrimónio[4] - e a determinação do respectivo montante, depende-

---

[2] COELHO, *Curso ...*, *1970*, p. 586.

[3] Cfr. supra 3, páginas 37 e seguintes.

[4] Cfr., a este propósito, FRAGA, FRANCISCO C., Obrigação de alimentos na separação de facto e no divórcio. Diversidade de regimes. Revista da Ordem dos Advogados, Ano 56 1996, Nr. III, 959 ss., comentando o Acórdão do STJ de 05/11/1996: "Verificando que certas disposições legais concedem, expressamente, efeitos a situações obrigacionais extintas, corrente doutrinal alemã fundamentou a culpa *post factum finitum* na própria lei. E o divór-

riam, não só da necessidade de um dos cônjuges, como, sobretudo, da exigibilidade desse cônjuge manter uma actividade profissional[5].

Releva-se, bem assim, a contribuição da parte de um dos cônjuges para a manutenção e o aperfeiçoamento da actividade profissional do outro, considerando-se que os efeitos desta contribuição se mantêm e merecem tutela mesmo após o fim da relação matrimonial[6].

Tanto no que se refere à obrigação de alimentos como à partilha, os sistemas normativos têm vindo a tomar em consideração a contribuição de um dos cônjuges no cuidado do lar, na educação dos filhos e no incentivo à carreira do outro, com base em princípios de equidade, ideia que aparece, aliás, expressa no n.º 2 do artigo 2016º do nosso CC.

A propósito da relevância da culpa para efeitos de determinação do direito a prestação de alimentos entre cônjuges e a relação desta com os fundamentos culposos ou com os critérios *no fault* eventualmente adoptados[7], JULIEN PAYNE entende que a resposta dependerá mais da natureza

---

cio seria um exemplo. Extinta a eficácia do casamento pelo divórcio - artigos. 1788º - restaria concluir pela pós eficácia do casamento no que se refere ao direito ao uso do nome da outra parte e até aos alimentos. [...] O douto Ac. em apreço sufraga que o vínculo da comunhão plena de vida estabelecido pelo casamento faz prolongar a obrigação de alimentos para depois do seu desaparecimento. Não é exacto. Não há prorrogação de vínculo para efeitos de alimentos. Casamento é um contrato institucional com regras próprias. "A realidade é antes que os alimentos não se devem tanto ao vínculo quanto à comunidade vivida, e aos efeitos desta na vida dos seus elementos." [...].".

[5] STANZIONE.

[6] FRAGA, pp. 64 e ss..

[7]
" [...] Se um Estado adopta critérios independentes de considerações de culpa para fazer terminar a relação conjugal, será consequência directa dessa opção que os efeitos do divórcio não tenham, bem assim, em conta a questão da culpa? Ou, pelo contrário, se um Estado insiste em adoptar critérios baseados na culpa para a admissão do divórcio, será ilógico determinar que as consequências deste não levarão em conta considerações de culpa? [...] E, numa jurisdição mista, deverá a relevância da culpa nos efeitos do divórcio depender do acto de este ter sido decretado com base em circunstâncias culposas ou não culposas?". Nossa tradução do original em inglês. PAYNE, pp. 501 e ss..

que se atribui ao dever de alimentos, acabando por considerar que o direito à prestação de alimentos deve deixar de incluir, por completo, considerações de culpa, para passar a ser um meio de suporte dos cônjuges em situação de ruptura, com base num princípio de *clean break*[8].

E, como refere MARY ANN GLENDON[9], tanto no que se refere à obrigação de alimentos como à partilha, as leis têm vindo a tomar em consideração a contribuição de um dos cônjuges no cuidado do lar, na educação dos filhos e no incentivo à carreira do outro, ou seja, com base em princípios de equidade.

Isto parece decorrer, em parte, do princípio da não relevância da culpa, muito embora a culpa possa intervir como factor de ponderação no juízo de equidade, mas tem muito mais que ver com a evolução da concepção global de família que adoptam os ordenamentos modernos e com a tutela que lhe atribuem enquanto meio privilegiado de desenvolvimento pleno da personalidade humana[10].

No nosso país, as normas que regulam fundamentos do divórcio consagram um sistema misto das concepções do *divorce-constat* (nos casos de divórcio por mútuo consentimento) e de divórcio-remédio, nos processos litigiosos. Impõem ao Tribunal que proceda, nestes últimos casos (instaurados com fundamento quer em violações culposas dos deveres conjugais, quer em causas objectivas[11]), à verificação da culpa dos cônjuges. Todavia, para além da repercussão directa na acção de divórcio, atribuem a esta culpa comparativamente pouca relevância.

De facto, a relevância da culpa sobre os efeitos do divórcio, designadamente, de conteúdo patrimonial, reveste, na grande maioria dos casos, um carácter sancionatório meramente eventual, com excepção da

---

[8] PAYNE, pp. 27 e ss..

[9] GLENDON, MARY ANN, As organizações internacionais e a defesa da família. Conferência de pequim sobre a mulher, 1998 (URL: htrp://aciprensa.com/qlendon.htm,aced.18/02/2000), pp.61-62.

[10] Ver também GLENDON, MARY ANN, *The New Family and The New Property*. Toronto: Butterworths, 1981.

[11] Com excepção, como referimos, das situações em que o divórcio é requerido com fundamento na alteração das capacidades mentais.

matéria relativa ao dever de indemnização, que seria, no entanto, susceptível de tratamento autónomo, nos termos gerais.

Estas sanções civis constituirão um anacronismo, um resíduo das soluções doutrinais adoptadas em 1966, perfeitamente adequadas à orientação então expressa no Código, que era, assumidamente, a de divórcio-sanção, mas deslocadas face ao resultado da Reforma de 77, que veio substituir - ainda que parcialmente - esta concepção pela de divórcio-remédio? Ou terão antes por base um resíduo de concepção sancionatório de que enferme ainda o sistema actual?

Poder-se-á, de facto, pensar que a concepção sancionatória não abandonou ainda completamente o CC, sendo certo que o progressivo esvaziamento que vai sendo operado na esfera da relevância da culpa, designadamente a nível patrimonial, parece prenunciar o esvaziamento paralelo da importância da culpa, da violação culposa de deveres conjugais, enquanto fundamento do divórcio litigioso e a transição para um regime de ruptura[12].

Os adversários do divórcio culposo nos países em que este está ainda previsto há já bastante tempo que defendem[13] que, de *lege ferenda*, a ruptura da relação matrimonial seria a causa principal de divórcio, sem prejuízo da admissão do divórcio por causas especiais objectivas. Tal levaria à exclusão de considerações de culpa, tanto no que respeitaria às causas como aos efeitos do divórcio.

No que se refere a prestações alimentares entre cônjuges, bem como para atribuição da casa de morada da família, a culpa seria factor irrelevante, atendendo-se primordialmente ao critério da necessidade, nos termos expostos. A culpa seria também totalmente irrelevante para efeitos de partilha, podendo entrar em linha de conta o factor da contribuição.

Nesta concepção, o factor culpa teria apenas relevância para efeitos de um eventual dever de indemnizar os danos causados por uma actuação ilícita e culposa, nos termos gerais da responsabilidade civil e em acção autónoma.

---

[12] Para CARVALHO, p. 18, o sistema português, particularmente o que resulta da Reforma de 1998, reflecte "... um perplexo, extravagante e anómalo processo de progressão e actualização do presente por repescagem do passado.".

[13] POUSSON-PETIT, p. 187.

Este esquema traria, para muitos, uma clara vantagem: a de evitar as intromissões abusivas na vida pessoal e familiar provocadas por averiguações legalmente impostas acerca do comportamento de cada um dos cônjuges na constância do matrimónio, e, ao mesmo tempo, a de não impedir que, tendo existido, de facto, um comportamento culposo, e tendo esse comportamento gerado danos de ordem patrimonial ou moral, tais danos pudessem, a instâncias do cônjuge ofendido, vir a ser indemnizados. Desta forma, ficaria a esfera de reserva da intimidade da vida privada e familiar tutelada contra invasões estaduais, sem que tal implicasse uma perniciosa desresponsabilização dos cônjuges.

Defende-se, ainda, que o divórcio culposo tem subjacente uma lógica de contencioso imposto, utilizado muitas vezes apenas à falta de outro meio de obter o divórcio; que as novas gerações já não compreendem o porquê de terem de submeter-se a um processo contencioso e a uma apreciação judicial para se poderem divorciar e que o processo litigioso de divórcio é uma farsa, uma comédia, na opinião de todos aqueles que por ele já tiveram de passar[14].

Esta visão do divórcio tem vindo, todavia, a ser objecto de críticas, mesmo nos EUA, por parte de autores que defendem que a consciência social não sofreu uma alteração proporcional à que se operou na lei: o *no-fault divorce* não corresponde à visão de muitos, para os quais o facto de o casamento significar um compromisso tendencialmente permanente é um factor importante e tem influência na forma como se encara a relação matrimonial e até na sua sobrevivência. O divórcio unilateral teria, segundo estes, um efeito pernicioso, encorajando os cônjuges a tomarem decisões baseadas nos seus interesses individuais, em oposição aos interesses da família[15].

---

[14] LARCHÉ, M. BÉNABENT, pp. 36-39.

[15] Veja-se, a título de exemplo, ALLEN PARKMAN (PARKMAN, ALLEN M., *To What "Marriage" Do We Have a Right?* Agosto 2002 URL: http://www.jus.uio.no,aced. 10/09/2002), que considera que

"[...] o casamento passou de uma relação difícil de dissolver a uma que facilmente é terminada. As causas para o divórcio transitaram da culpa - muitas vezes sob a forma de mútuo acordo - para simples declaração unila-

Desencorajar o divórcio seria importante na medida em que incentivaria uma maior entrega ao compromisso assumido pelo casamento, com vantagens psicológicas - uma relação tendencialmente duradoura é uma fonte de conforto psicológico - e materiais - na medida em que uma relação duradoura facilita a acumulação de bens. Se o casamento é encarado como um compromisso tendencialmente permanente ou duradouro, os cônjuges tomariam decisões - que muitas vezes implicariam sacrifícios pessoais e profissionais - tendo em conta o interesse da família, confiando em que o tempo traria a compensação desses sacrifícios, ao passo que, se o divórcio está facilitado, os cônjuges tenderiam mais a tomar decisões de curto prazo, centradas nos seus interesses individuais[16][17].

Por outro lado, diminuídas as dificuldades na obtenção e as consequências materiais do divórcio para o cônjuge responsável único ou principal pela ruptura da relação patrimonial, este pode decidir que os benefícios de estabelecer uma nova relação excedem os custos de terminar o casamento.

Estas questões são idênticas às que se têm vindo a levantar em França na discussão das propostas[18] de lei que têm sido levadas ao Senado[19] visando suprimir o divórcio culposo[20]: será que a culpa não cons-

---

teral. A transição teve efeitos profundos, mas subtis. Os meus pais tiverem direito a um casamento que, por definição, iria ser difícil de dissolver, caso o desejassem, enquanto eu e a minha mulher temos o direito a um casamento que pode dissolver-se de forma unilateral. Há direitos que são tão fundamentais, que teremos de nos perguntar se houve, de facto, uma mudança na consciência social suficiente para justificar a alteração produzida pela lei.".
Nossa tradução do original em inglês.

[16] PARKMAN.

[17] Não podemos deixar de tomar posição face a este conceito, que entendemos paternalista e moralista, enquadrando-se de forma perfeita na recente vaga de fundamentalismo moral/religioso que se apoderou da sociedade norte-americana, em reacção ao liberalismo das décadas de 80 e 90.

[18] Ver supra, 4.1.3, página 63.

[19] Curiosamente, as maiores pressões para suprimir o divórcio culposo em França parecem originar na magistratura. Numerosos juízes têm-se mostrado avessos a continuar a julgar litígios que consideram ser do foro exclusivamente privado. Os juízes acusam os advogados de serem eles a fomentar o litígio entre as partes e estes defendem-se, dizendo

titui, tradicionalmente, uma sanção social dos deveres do casamento, que o distingue de outras formas de convivência, como a união de facto e cuja supressão banalizará o casamento, em prejuízo dos cônjuges e das crianças, ou representará a culpa, pelo contrário, uma intervenção indevida da justiça num conflito de ordem afectiva, que se quer manter privado?[21]

E será que o divórcio culposo, suprimido na maior parte dos países europeus continentais e nos de tradição *common law* é, em França, como em Portugal, um anacronismo, utilizando na ausência de mecanismos mais adaptados à realidade actual, ou, pelo contrário, não pode ser suprimido na medida em que é o adoptado na maioria dos casos?[22]

PEREIRA COELHO, a propósito da recente evolução do direito da família, no sentido daquilo que designou pelas crescentes deslegalização do casamento e legalização da união de facto e de outras formas de organização da vida em comum, interroga-se também sobre "[...] se esta evolução tem sido acompanhada de uma mudança social correspondente". "[...] poderá perguntar-se", diz o Autor, "se as leis da família mudaram porque mudaram os costumes e a mentalidade das pessoas ou se os costumes e a mentalidade das pessoas mudaram porque mudaram as

---

que não fomentam conflitos, antes procuram por todos os meios temperar a animosidade dos seus clientes. LARCHÉ, pp. 17-18.

[20] LARCHÉ, p. 7.

[21] "Mme. DEKEUWER-DÉFOSSEZ: [...] *les conflits entre époux ne sont plus considérés commes des conflits appréhendés au travers du prisme d'obligations juridiques, qui, a l'heure actuelle, sont des obligations de fidélité, secours, assistance et cohabitation, mais des relations privés dans lesquelles le droit et la société n'ont plus à s'immiscer.*" (Os conflitos entre os cônjuges já não são considerados conflitos analisados sobre o prisma das obrigações jurídicas decorrentes do casamento, que, na altura em que falamos, são os deveres de fidelidade, socorro e assistência e coabitação, mas relações privadas nas quais a sociedade não deve imiscuir-se".). *Apud* LARCHÉ, p. 14.

[22] Em França, os procedimentos de divórcio *pour faute* correspondem, como vimos (4.1.3, página 67, em nota de rodapé), à maioria dos divórcios decretados. Em Portugal, no entanto, a fazer fé nos dados disponibilizados pelo Instituto Nacional de Estatística, só cerca de 12% dos divórcios decretados têm origem num processo litigioso e, ainda assim, só 6.8% de todos os divórcio decretados têm por fundamento a violação de deveres conjugais. Cfr. *supra*, Introdução, página 28, nota 49.

leis."."Creio", conclui, "que terão sido as duas coisas, mas em que medida ocorreram uma e outra não sei dizê-lo. E no futuro, como será? Tem-se a sensação de que a erosão do modelo tradicional do casamento vai continuar, e é irreversível. Mas na vida das sociedades há fluxos e refluxos, como no mar."[23].

Será, ainda, que o procedimento de divórcio baseado na culpa não é, por si, criador de conflitos que de outra forma não surgiriam, provocando óbvios prejuízos às partes e às crianças, ou é, pelo contrário, a arena apropriada para ter lugar o conflito já existente?[24]

E até o tão levantado argumento da liberdade individual pode ser objecto de discussão: é que, se se defende que não se pode obrigar um cônjuge a manter um casamento que já não deseja, na medida em que isso significaria uma insustentável restrição à sua liberdade, não constitui também restrição idêntica impor o divórcio ao cônjuge "inocente" que não o deseja?[25]

Também o princípio da *clean break* tem vindo a sofrer alguma contestação, tendo-se sido apontados resultados injustos, particularmente no que respeita a mulheres e a ex-cônjuges de idade mais avançada[26].

A solução estaria para alguns, na liberdade de fixação do conteúdo contratual do casamento, de modo a não só estabelecer regras relativas aos

---

[23] COELHO, *Casamento e Divórcio no Ensino de Manuel de Andrade* ..., p. 30.

[24] "Mme. DEKEUWER-DÉFOSSEZ: [...] *Lorsqu'un couple est décidé à se battre, si on lui supprime une manière juridique de le faire, il en trouvera une autre. (...) Il est certain que ce n'est pas la procédure de divorce qui crée le litige. les litiges existent parce que le couple se sépare et le couple qui veut s'accuser mutuellement trouve les moyens de le faire dans l'arsenal juridique.*" (Se um casal decide entrar em batalha, se lhe retiramos uma forma jurídica de o fazer, encontrará uma outra forma. (...) A verdade é que não é o procedimento de divórcio que cria o litígio. Os litígios existem porque o casal se separa e o casal que quer entrar em acusações mútuas encontrará os meios de o fazer, sem o arsenal jurídico.). *Apud* LARCHÉ, p. 16.

[25] LARCHÉ, p. 8.

[26] Ver BISSET-JOHNSON, ALASTAIR, *Macro Social and Economic Factors in Society which Influence the Sucess of Finantial Rearrangements on Divorce*. Julho 2000 (URL: http//www.qu.edu.au/centre/flru/home.htm,aced.10/09/2002).

bens, como a afastar, restringir ou por qualquer forma regulamentar, por pré-acordo entre os nubentes, o divórcio.

Em Portugal, FIDÉLIA PROENÇA DE CARVALHO[27] considera que "As noções de Culpa e correspondente Sanção que durante tanto tempo aprisionaram o instituto do divórcio são cada vez mais incompreensíveis e injustificadas, quando comparadas com o conceito de conjugalidade actual" o qual, defende, "encontra o seu fundamento na *affectio conjugalis*" e, como tal, apenas deve manter-se enquanto esta subsistir entre os cônjuges. Para esta Autor, o conceito de culpa, em sede de divórcio, está caduco e ultrapassado e é um "resquício anquilosado" de uma concepção publicista do casamento e que é indesmentível - particularmente em sede de partilha - a inutilidade das sanções de conteúdo patrimonial.

Ainda entre nós, contra estes argumentos, RITA LOBO XAVIER[28] refere que os adversários do divórcio culposo "(...) quereriam ver a resolução das questões patrimoniais dos cônjuges reduzida a uma verificação de eventuais disparidades nas situações patrimoniais, desligada (...)" de considerações de culpa, pelo que a "regulação das relações patrimoniais no divórcio deveria consistir num simples reequilíbrio das situações patrimoniais perturbadas, por exemplo, através do reconhecimento a um dos cônjuges de um direito a uma compensação que tenha em conta a duração da vida em comum ou a sua colaboração no exercício da profissão do outro".

Defende, porém, a Autora que, apesar das fortes contestações de que são alvo por parte daqueles, têm, ainda assim, grande utilidade práticas preceitos especiais, como os analisados neste trabalho, nomeadamente os contidos nos artigos 1790º e 1971º do CC, que facilitem a extinção dos benefícios concedidos entre os cônjuges por causa do casamento, em caso de divórcio.

Porém, estas "penas patrimoniais que têm lugar em caso de divórcio" não deveriam estar ligados à questão da culpa, antes buscariam "o seu

---

[27] CARVALHO, pp. 101 e ss.
[28] XAVIER, pp. 405 e ss.

fundamento na *realização da equidade*²⁹ entre os cônjuges, evitando o enriquecimento de um deles que seria injustificado em virtude da alteração das circunstâncias".

É que, defende, o legislador não se terá querido ficar pela pura ideia de divórcio-sanção que está, obviamente, inscrita nestas normas. Terá, ainda, querido "procurado atender a uma exigência de equidade que não é difícil de compreender. [...] É que, se, no caso da solução do artigo 1791º, os benefícios concedido ocorreram por ocasião e por causa da existência de uma relação conjugal, é óbvio que a sua manutenção, para além da dissolução desta, constituiria uma enriquecimento injustificado. E, se tais benefícios tivessem de ser revogados pelo cônjuge inocente, poder-se-ia pôr em risco a realização da equidade nas recíprocas relações patrimoniais."³⁰.

É claro que, na base dos preceitos está a ideia de que quanto maior tiver sido a contribuição de um dos cônjuges para o divórcio, mais injusto seria o seu enriquecimento, e daí que a norma não prescinda da referência ao "cônjuge declarado único ou principal culpado".

A Autora discorda, todavia, da solução do artigo 1790º, na medida em que, "à luz dos princípios referidos, não se vê porque hão-de ser alteradas as regras do regime matrimonial aplicáveis à partilha, porque é que a lei há-de distinguir, nas hipóteses da dissolução do casamento, aquelas em que ocorreu um divórcio por culpa de um dos cônjuges".

PIRES DE LIMA e ANTUNES VARELA defendem, de certa forma surpreendentemente, que : "(...) o legislador, excessivamente permissivo no tocante à dissolução dos vínculos pessoais criados pelo matrimónio, não abdicou das normas éticas que tutelam a relação conjugal, no que concerne aos efeitos patrimoniais do divórcio e da separação, onde a tarefa do legislador, apesar da grave crise atravessada pela instituição familiar, é menos espinhosa"³¹.

---

[29] Nosso itálico.
[30] XAVIER, pp. 416-417.
[31] LIMA/VARELA, *C.C. Anotado*, Vol. IV, p. 542

Mas estamos, fundamentalmente, com LEITE DE CAMPOS quando afirma que a ideia de divórcio malogro é a que melhor reflecte o "estado actual dos costumes"[32]. Concebendo-se a situação familiar como um negócio individual que assenta numa comunhão de vida, as partes estarão legitimadas a dissolvê-la logo que esta seja atingida por uma crise grave e irremediável. Isto, como lembra o Autor, "sem prejuízo da viva censura de que é merecedor o cônjuge que dê causa ao divórcio, violando o seu dever de fidelidade, a responsabilidade que assumiu para com o outro, etc."[33].

É que, como defende ainda, "fazer assentar o divórcio numa sanção conduzirá a resultados tão incongruente com a nossa sociedade - e tão social e individualmente trágicos - como sejam os de o cônjuge "culpado" (de quê?) impedido de obter o divórcio, se manter diversos anos (...) "ligado" pelo vínculo conjugal, a outro que, por espírito de "sanção", se recusa a acordar no divórcio por mútuo consentimento. [...] Os actos mais graves da vida do cidadão [o casamento e a procriação] são considerados actos privados, nos quais o Estado não deve nem pode intervir. Posteriormente, a família é deixada a si mesma, sem apoio ou com pouquíssimo apoio do Estado, mesmo nos aspectos mais elementares. [...] Mas, logo que os cônjuges pensam em se divorciar, então o Estado, solícito, intervém. Não para auxiliar, aconselhar; mas para levantar dificuldades [...]" fazendo, depois, persistir ao divórcio, incongruentemente, alguns efeitos do casamento[34].

---

[32] CAMPOS, *Lições* ..., pp. 270-271.
[33] CAMPOS, *Lições* ..., p. 271.
[34] CAMPOS, *Lições* ..., pp. 290-291.

8. CONSIDERAÇÕES FINAIS

Diremos, à laia de conclusão, com ANDREW BAINHAM[1], que, face à quase universal tendência de regressão da relevância da culpa no direito da família, particularmente no que ao divórcio se refere[2,3], é cada vez mais actual o exame do papel que esta poderá ainda ter, no futuro do moderno direito da família[4].

As críticas que se têm levantado nos vários países europeus e nos sistemas de *common law* contra a relevância da culpa como fundamento de divórcio e as suas consequências de carácter patrimonial são, de forma resumida, três.

Em primeiro lugar, a necessidade de fazer alegações e prova de situações desagradáveis e profundamente íntimas em nada assiste o propósito assumido pela maior parte dos sistemas legais, que é o de salvar os casa-

---

[1] BAINHAM, p. 3.

[2] Mas não só. A matéria da culpa terá relevo noutras áreas do direito da família. ANDREW BAINHAM defende que, por exemplo, o dever de alimentos a filhos menores teria origem, não num conceito de culpa tal como esta é entendida pelas legislações ocidentais, mas num conceito típico da *common law*, de *liability*. Traduzido com alguma abertura, isto quereria, fundamentalmente, dizer que ter um filho resulta de um acto voluntário consciente -"culposo", mesmo que a título "negligente" - e, portanto, gerador de responsabilidade.

[3] E a questão da culpa não poderá, certamente, ser ignorada no que respeita à matéria da regulação do poder paternal.

[4] BAINHAM, pp. 14-15.

mentos que ainda possam ser salvos e fazer terminar os restantes da forma menos penosa possível para todas as partes envolvidas.

Em segundo lugar, o princípio do contraditório e os processos de prova distorcem a realidade da relação matrimonial e das causas da sua ruptura, que são sempre e necessariamente muito mais complexas do que aquilo que é levado a Tribunal.

Por ultimo, muitos divórcios litigiosos são no fundo divórcios por mútuo consentimento, porque não contestados, na medida em que o(s) cônjuge(s) deles lançam mão como expediente para evitar o período de separação que está, na maioria dos casos, previsto na lei como presunção da ruptura definitiva, resultando num processo que desacredita o sistema legal[5].

O abandono do princípio da culpa em matéria de direito matrimonial não está, todavia, isento de críticas.

Acima de tudo, as alas mais conservadoras da sociedade defendem que a ausência de culpa retira a base moral dos deveres conjugais, *maxime*, a remoção do adultério mina gravemente o conteúdo do dever de fidelidade.

Mas, de um ponto de vista mais académico, muitos autores têm já referido que subsiste uma necessidade de conteúdo psicológico e moral de atribuição de culpas[6] e que a sociedade em geral e os próprios cônjuges, em casos particulares, não estarão, porventura, dispostos a renunciar à noção de culpa. Isto é patente, sobretudo, em casos extremos, como os de violência doméstica[7].

---

[5] BAINHAM, pp. 4 e 5.

[6] Cfr. supra 3.3, páginas 45 e seguintes.

[7] E, no que diz respeito aos efeitos patrimoniais, casos haverá em que o comportamento de um dos cônjuges tenha sido de tal modo grave e lesivo em relação ao outro, que repugnaria à noção de justiça de qualquer um que o outro fosse obrigado a prestar-lhes alimentos - ainda que, à luz de critérios puros de contribuição de cada um ou de necessidade, estes fossem devidos -, pelo que nos critérios de equidade a que muitos sistemas fazem referência não poderá deixar de incluir-se uma adequada ponderação da conduta dos cônjuges.

Trata-se de saber o que significa, de facto, a justiça no direito da família[8][9][10].

De facto, a matéria da relevância da culpa no direito da família e, em particular, na questão do divórcio e dos seus efeitos tem de ser ponderada com especial cuidado.

Defendemos, no essencial, um sistema em que o fundamento base do divórcio seja a ruptura irreversível da relação matrimonial, constatada por determinados factos e dependente de averiguação e controlo judicial, sem que, todavia, haja lugar a intromissões excessivas na esfera da vida privada e familiar, e no qual as consequências patrimoniais do divórcio sejam definidas por acordo entre os cônjuges e/ou com intervenção do Tribunal, ancorados em critérios de equidade, sem ignorar as circunstâncias con-

---

[8] "Para muitos, atribuir culpa, imputar determinados factos a uma das partes e exonerar a outra, é a exacta missão do sistema judicial, é o que assegura que, não só se fez justiça, como também que se vê que foi feita justiça." "Nossa tradução. CHRISTINE PIPER, *apud* BAINHAM, p. 5.

[9] Também GUILHERME DE OLIVEIRA defende que o sistema português não está pronto para abdicar do factor subjectivo *culpa* na cessação do vínculo conjugal e que a manutenção da relevância da culpa entre nós está ancorada na tradição - ainda que não na prática social, já que, segundo ainda o Autor, mais de 80 % dos divórcios são decretados por mútuo consentimento - e numa certa ideia de justiça. OLIVEIRA, Um direito da família europeu?, pp. 319 e ss.

[10] Veja-se, ainda, a propósito da relevância da culpa em termos sociais, DINGWALL, ROBERT/PASCALL, GILLIAN, Family Law, Social Policy and European Welfare States: Introduction. International Journal of Law, Policy and the Family, 13 Dezembro 1999, Nr. 3, 229-234, que refere que um dos problemas que muitas jurisdições experimentam neste momento é o da tensão entre as expectativas das pessoas que se divorciam de que o sistema judicial conduzirá um inquérito tendente a atribuir a culpa pelo falhanço do casamento, e a relutância do sistema judicial e do Estado em custear e proceder a estas averiguações e denúncias. Uma questão que levanta, todavia, a necessidade de alguma análise é a de saber até que ponto e necessidade de atribuição de culpas não resultará da pressão exercida pelo grupo social em que o indivíduo está inserido. Uma decisão judicial acerca de alimentos ou de guarda dos filhos menores defende o parte "derrotada" de críticas da família e amigos, de acusações de falta de habilidade negocial. E é muito possível que a perspectiva individualista do direito da família substantivo e processual anglo-saxónico não tenha tido em consideração este factor.".

cretas da cada família e a conduta dos cônjuges de forma geral, avaliada à luz de conceitos de boa fé.

A culpa - ou a conduta culposa - dos cônjuges manteria aqui alguma relevância, mas já não com base em conceitos de *matrimonial offense* (em termos de avaliação e castigo de conduta passada), antes em critérios de *welfare*, de obtenção da melhor repartição possível dos custos pessoais e patrimoniais, para as partes envolvidas e para a sociedade, em geral, do divórcio (com foco na conduta culposa presente e continuada, relevante para o bem estar dos ex-cônjuges e dos filhos)[11].

O sistema português é, a esta luz, particularmente desadequado, com o seu duplo sistema de divórcio de base culposa, com consequências patrimoniais sancionatórias, ao lado de um sistema de divórcio administrativo, isento de controlo judicial e dependente apenas do acordo dos cônjuges.

Não podemos deixar de entender, no entanto, que os sistemas *no fault* ou, antes, a visão que está na base destes sistemas, que procura, a todo o custo, obter a reconciliação dos cônjuges ou, quando esta não e possível, acabar com o casamento da forma mais rápida e limpa possível, é irrealista, desumana e esterilizada, sanitária, uma visão na qual as emoções que natural e necessariamente acompanham estes processos são vistas como emoções negativas, incorrectas e, portanto, a eliminar.

As legislações e os Tribunais, na aplicação da lei, terão de deixar espaços e válvulas de escape para a expressão e ponderação das emoções e das razões das partes, quer estas se apresentem em litígio aberto, quer sob uma aparência de mútuo consenso.

É que se a justiça se quiser realizada, a todo o custo, de forma limpa, rápida e eficaz, desumanizar-se-á e acordaremos, um belo dia, no Admirável Mundo Novo.

---

[11] Também no que se refere à responsabilidade civil e mesmo criminal se tem vindo a defender que a culpa serve diferentes objectivos, de responsabilização pessoal e de repartição dos custos sociais de determinado acção ou omissão, embora a separação entre estes dois princípios seja muitas vezes difícil e até artificial. BAINHAM, pp. 22-23.

BIBLIOGRAFIA

AMIS, MARTIN:
Koba the Dread (Laughter and the Twenty Million). Londres: Jonathan Cape, 2002

ANDRADE, MANUEL DE:
Sobre a recente evolução do direito privado português. Boletim da Faculdade de Direito XXII 1946 284 - 343.

ARENAS, ANA LAURA CABEZUELA:
La Limitación Temporal de la Pensión Compensatoria en El Código Civil (Estudio Jurisprudencial y Doctrinal). Navarra Editorial Aranzadi, S.A. 2002

ATKIN, BILL:
The Rights of Married and Unmarried Couples in New Zealand: Radical New Laws on Property and Sucession. Agosto 2002, International Society of Family Law, 11th World Conference (URL: http://www.jus.uio.no,aced. 09/09/2002)

BAINHAM, ANDREW:
Men and Women Behaving Badly: Is Fault Dead in England? Julho 2000, International Society of Family Law, 10th World Conference (URL: http://www.gu.edu.au/centre/flru/home.htm, aced. 10/09/2002)

BISSET-JOHNSON, ALASTAIR:
Macro Social and Economic Factors in Society which Influence the Sucess of

Finantial Rearrangements on Divorce. Julho 2000, International Society of Family Law, 10th World Conference (URL: thttp://www.gu.edu.au/centre/flru/home.htm, aced. 10/09/2002)

BOULANGER, FRANÇOIS:
Droit civil de la famille, Tome 2: Aspects comparatifs et internationaux. Economica 1994 Collection Droit Civil, Série: Études et Recherches

BOURDIEU, PIERRE:
A Dominação Masculina. Celta Editora 1999

BURLEY, JENNY/REGAN, FRANCIS:
Divorce in Ireland. International Journal of Law, Policy and the Family 16 Agosto 20022 202-222

CAMPOS, DIOGO LEITE DE:
A Invenção do Direito Matrimonial, Tomo I - A Institucionalização da Casamento. 1995 (citado como CAMPOS, Lições ...)
Lições de Direito da Família e das Sucessões. 2ª edição. Coimbra: Almedina 2001 (citado como CAMPOS, Lições ...)

CARBONNIER, JEAN:
Droit civil, tome 2: La Famille, l'enfant, le couple. 21.a edição Presses Universitaires de France 30 Abril 2002 Thémis Droit Privé

CARVALHO, FIDÉLIA PROENÇA DE:
A Filosofia da Ruptura Conjugal (Notas para um divórcio sem culpa). Lisboa Pedro Ferreira, Editor 2002

CERDEIRA, ÂNGELA CRISTINA DA SILVA:
Da Responsabilidade Civil dos Cônjuges Entre Si. Coimbra Editora 2000

CID, NUNO DE SALTER:
A Protecção da Casa de Morada da Família no Direito Português. Coimbra Almedina 1996

COELHO, FRANCISCO MANUEL PEREIRA:
Curso de Direito da Família, Tomo I - Direito Matrimonial. Coimbra Atlântica Editora 1965 (citado como COELHO, Curso ...1965)
Curso de Direito da Família, Tomo I - Direito Matrimonial. Coimbra UNITAS 1970 (citado como COELHO, Curso ...1970)
Casamento e Família no Direito Português. Temas de Direito da Família. Almedina 1986, Ciclo de Conferencias do Conselho Distrital do Porto da Ordem dos Advogados, Conferência proferida a 17/10/1984 (citado como COELHO, Casamento e Família ...)
Curso de Direito da Família. 1986, Ed. Dac. e Polic. (citado como COELHO, Curso ...1986)
Casamento e Divórcio no Ensino de Manuel de Andrade e na Legislação Actual. Boletim da Faculdade de Direito 77 2001 13-32

COELHO, FRANCISCO MANUEL PEREIRA/OLIVEIRA, GUILHERME DE/RAMOS, RUI MOURA:
Curso de Direito da Família, Volume I: Introdução - Direito Matrimonial. Coimbra: Coimbra Editora 2001

COLOMA, AURELIA MARÍA ROMERO:
La separación matrimonial por causa de transgresión de los deberes conyugales y paternofiliales: estudio de los apartados 1 y 2 del artículo 82 del Código Civil. Dijusa Editorial, S.L. Março 2001

CORDEIRO, ANTÓNIO MENEZES:
Tratado de Direito Civil Português, I, Parte Geral, Tomo I. Coimbra Livraria Almedina Março 1999 (citado como CORDEIRO, Tratado de Direito Civil..., Tomo I)
Tratado de Direito Civil Português, I Parte Geral, Tomo II Coisas. Coimbra Livraria Almedina Junho 2000

CRETNEY, STEPHEN M.:
Family Law. 3.a edição Londres Sweet & Maxwell 1997

DALBY, ROSEMARY; DAVID, BARKER, EDITOR:
Essential Family Law, 2.ª edição, Cavendish Publishing (Australia) 2001

DE SINGLY, FRANÇOIS:
Livres Juntos. Publicações D. Quixote 2000 (citado como DE SINGLY, *Livres Juntos)*
O Eu, o Casal e a Família. Publicações D. Quixote 2000 (citado como DE SINGLY, *O Eu, ...)*

DEWAR, JOHN:
Reducing Discretion in Family Law. International Society of Family Law, 10th World Conference, Brisbane Julho 2000 (URL: http://www.gu.edu.au/centre/flru/home.htm,aced. 10/09/2002)

DINGWALL, ROBERT/PASCALL GILLIAN:
Family Law, Social Policy and European Welfare States: Introduction. International Journal of Law, Policy and the Family 13 Dezembro 19993 229-234

EPIFÁNIO, RUI M. L.:
Organização Tutelar de Menores (Guia para a Leitura Actual). Coimbra Livraria Almedina Maio 2000

FRAGA, FRANCISCO C.:
Obrigação de alimentos na separação de facto e no divórcio. Diversidade de regimes. Revista da Ordem dos Advogados Ano 56 1996III 959 ss.

GAMEIRO, JOSÉ:
Divórcio, Conflito ou Mediação? Boletim da Ordem dos Advogados 2002 Nr. 20, 43

GARCIÁ, JAIME DE CASTRO:
Código Civil. 13.a edição Editorial Constitución y Leyes, S.A. 1 Abril 2002

GERNHUBER, JOACHIM:
Lehrbuch des Familienrechts. 3.a edição München C. H. Beck 1980

GLENDON, MARY ANN:
The New Family and The New Property. Toronto Butterworths 1981 (citado como GLENDON, *The New Family* ...)

GLENDON, MARY ANN (CONT.):
As organizações internationais e a defesa da família. Conferência de pequim sobre a mulher 1998 (URL: http://aciprensa.com/glendon.htm, aced. 18/02/2000)

GOTTWALD, PETER/SCHWAB, DIETER/BÜTTNER, EVA:
Family and Succession Law in Germany. Kluwer Law International 2001

GRINBERG, LEÓN:
Culpa e Depressão. Lisboa CLIMEPSI Editores 2000

HAUSER, JEAN/CASEY, JÉRÔME:
editores: Code des personnes et de la famille. Litec 3 Janeiro 2002 Codes Oranges - Juris-Code

HÖRSTER, HEINRICH EWALD:
Breves Apontamentos a Propósito da Elaboração do Decreto-Lei n. 496/77, de 25 de Novembro (Reforma do Código Civil), e da Vigência Imediata do Artigo 36. da Constituição de 1976. Revista de Direito e Estudos Sociais 1976, 63 ss.
A Respeito da Responsabilidade Civil dos Cônjuges Entre Si (ou: A Doutrina da "Fragilidade da Garantia" será Válida?). Scientia Iuridica T. XLIV 1995, Nr. 253/255
Does Portugal Need to Legislate on De Facto Unions? International Journal of Law, Policy and the Family 13 Dezembro 19993 274-279
A Parte Geral do Código Civil Português. Almedina 2002 (citado como HÖRSTER, *A Parte Geral ...*)

IGLESIAS, JUAN:
Derecho romano. 14.a edição Barcelona Ariel Derecho Julho 2002

KALTHOENER, ELMAR/BÜTTNER, HELMUT/NIEPMANN, BIRGIT:
Die Rechtsprechung zur Höhe des Unterhalts. 8.a edição Munchen C. H. Beck 2002

Köhler, Helmut/(Pref.):
Bürgerliches Gesetzbuch. 52.a edição Deutsher Taschenbuch Verlag 1 Agosto 2002

Krause, Harry D.:
Family Law - Cases, comments and questions. 2.a edição St. Paul, MInnesota West Publishing CO. 1983 American Casebook Series
Private and Public Ordering of Intimate Relationships. International Society of Family Law 11th World Conference, Copenhagen-Oslo Agosto 2002 (URL: http://www.jus.uio.no, aced. 09/09/2002)

Kurczewski, Jacek/Maclean, Mavis:
editores: Family Law and Family Policy in the New Europe. Dartmouth 20 Março 1997 The Onati International Institute for the Sociology of Law

Larché, Jacques:
Actualite de la loi de 1975 sur le divorce (Auditions Publiques). Les Rapports du Sénat. 460 Sénat - Comission des Lois 1 Dezembro 2000

Lasarte, Carlos:
Principios de Derecho civil VI - Derecho de familia. 3.a edição Madrid Marcial Pons, Ediciones Juridicas e Sociales, S.A. 2002

Lima, Pires de/Varela, Antunes:
Código Civil Anotado. IV 2.a edição Coimbra Editora 1992
Código Civil Anotado. V Coimbra Editora 1995
Código Civil Anotado. VI Coimbra Editora 1998

Martin, Frank:
From Prohibition to Approval: the Limitations of the "No Clean Break" Divorce Regime in the Republic of Ireland. International Journal of Law, Policy and the Family 16 Agosto 20022 223-259

Matias, Carlos:
Da Culpa e da Inexigibilidade da Vida em Comum no Divórcio. Temas de Direito da Família. Almedina 1986 Ciclo de Conferências do Conselho

Distrital do Porto da Ordem dos Advogados 1 Conferência proferida a 23/11/1984

MELBY, KARI:
Liberalisation of divorce - a Nordic model? Senter for kvinne-og kjonnsforskning, Institutt for tverrfaglige kulturstudier, NTNU, (URL: http://www.uit.no/ht/sum/013-1.html, ac. 02/11/2002.

NETO, ABÍLIO:
Código Civil Anotado. 10.a edição Lisboa Ediforum 1996

NOVA, GIORGIO DE:
editor: Codice Civile e leggi collegate. Bolonha Zanichelli 1999

OLIVEIRA, GUILHERME DE:
Temas de Direito da Família. 2.a edição Coimbra Editora 2001

PAIS, SOFIA OLIVEIRA/SOUSA, ANTÓNIO FRADA DE:
A União de Facto e as Uniões Registadas de Pessoas do Mesmo Sexo - Uma Análise de Direito Material e Conflitual. Revista da Ordem dos Advogados 1999Ano 59 693 ss. 1 Lisboa, Abril 1999

PARKER, STEPHEN:
New Balances in Family Law. International Society of Family Law, 10th World Conference Julho 2000 (URL: http://www.gu.edu.au/centre/flru/home.htm, aced. 10/09/2002)

PARKMAN, ALLEN M.:
To What "Marriage" Do We Have a Right? Agosto 2002 1 International Society of Family Law, 11th World Conference (URL: http://www.jus.uio.no, aced. 10/09/2002)

PAYNE, JULIEN D.:
Commentaries on the divorce act 1985. Ontario DE BOO 1986

PEREIRA, RODRIGO DA CUNHA:
Family, Human Rights, Psychoanalysis and Social Inclusion. 3 Agosto 2002 1 International Society of Family Law, 11th World Conference (URL: http://www.jus.uio.no, aced. 10/09/2002)

PITÃO, JOSÉ ANTÓNIO FRANÇA:
Sobre o Divórcio - (Anotações aos artigos 1773 a 1895-D do Código Civil). Coimbra Almedina 1986

POUSSON-PETIT, JACQUELINE:
Le Démariage en droit comparé - etude comparative des causes d'inexistence, de nullité du mariage, de divorce et de séparation de corps dans les systèmes europeéns. Bruxelas F. Larcier 1981

PRATA, ANA:
Dicionário Jurídico. 3.a edição Coimbra Almedina 1990

RAMIÃO, TOMÉ D'ALMEIDA:
Divórcio por Mútuo Acordo Anotado e Comentado e Legislação Complementar. 2.a edição Lisboa Quid Juris? Sociedade Editora 2002

RIBEIRO, ÂNGELO VIDAL D'ALMEIDA:
Divórcio, Separação e Anulação do Casamento. Revista da Ordem dos Advogados 1967 142 ss.

RODRIGUES, BRAZ:
Lei do Divórcio (Decreto de 3 de Novembro de 1910). 2.a edição Lisboa Livraria Morais

SÁ, ALMENO DE:
A Revisão do Código Civil e a Constituição. Revista de Direito e Economia 19773

SANTOS, EDUARDO DOS:
Direito da Família. Coimbra Almedina 1999

SILVA, ELIZABETH/SMART, CAROL:
editores: The "New" Family? Sage Publications Ltd Outubro 1998

SITARZ, DANIEL:
Laws of the United Sates - Divorce. Nova Publishing Company Março 1999

SKYNNER, ROBIN/CLEESE, JOHN:
Famílias e Como [Sobre] Viver com Elas. 3.a edição Edições Afrontamento 1983

SOTTOMAYOR, MARIA CLARA:
The Introduction and Impact of Joint Custody in Portugal. International Journal of Law, Policy and the Family 13 Dezembro 2000a3 247-257
Regulação do Exercício do Poder Paternal nos Casos de Divórcio. 3.a edição Coimbra Almedina 2000 (citado como SOTTOMAYOR, *Regulação* ...)

SOUSA, ANTÓNIO PAIS DE:
Anotações ao Regime do Arrendamento Urbano. 6.a edição Editora Rei dos Livros 2001

STALFORD, HELEN:
Concepts of Family under EU Law - Lessons from the ECHR. International Journal of Law, Policy and the Family 16 Dezembro 20023 410 e ss.

STANZIONE, GABRIELLA AUTORINO:
Divorzio e tutela della persona - l'esperienza francese, italiana e tedesca. Nápoles 1981 Scuola di Perfezionamento in Diritto Civile dell'a Università de Camerino

TOMÉ, MARIA JOÃO VAZ:
Social security Law and the divorced wife in Portugal: a proposal based on the community property of acquests marital regime. International Journal of Law, Policy and the Family 13 Dezembro 20003 280-291

TORRES, ANÁLIA CARDOSO:
Divórcio em Portugal, Ditos e Interditos. Oeiras Celta Editora Outubro 1996

TORRES, ANÁLIA CARDOSO:
Casamento em Portugal - Uma Análise Sociológica. Oeiras Celta Editora Novembro 2002

TORRES, MIGUEL ÁNGEL DEL ARCO/GONZÁLEZ, MANUEL PONS:
Separación, divorcio y nulidad matrimonial: régimen jurídico. 5.a edição Editorial Comares, S.L. 1 Maio 2002

TRIAS, E. R.:
Dealing with the economic consequences of divorce for wives: alimony under the Spanish civil code. International Journal of Law, Policy and the Family 14 Abril 20011 45-58

VALLEJO, CÉSAR GALA:
La familia y su protección en España. 1.a edição Ministerio de Trabajo y Asuntos Sociales 1 Março 2002 Textos legales

VARELA, JOÃO DE MATOS ANTUNES:
A Apresentação do Projecto do Novo Código Civil. B.M.J. 156 5 ss.
Do Projecto ao Código Civil. B.M.J. 161 5 ss.
Direito da Família, Volume 1, 5.ª edição. Lisboa: Livraria Petrony, L.da Fevereiro 1999 (citado como VARELA, *Direito da Família*)

VAZ, FERREIRA:
Comentário à Lei do Divórcio. Bertrand 1 s/d

VIEIRA, MARÍA LUISA ARCOS:
La Desaparición de la "Affectio Maritalis" como Causa de Separación y Divorcio. Navarra Editorial Aranzadi, S.A. 2000

VV.:
Derecho de familia y libertad de conciencia en los países de la Unión Europea y el derecho comparado. 1.a edição Universidad del País Vasco. Servicio Editorial 1 Junho 2001

XAVIER, M. RITA ARANHA DA GAMA LOBO:
Limites à Autonomia Privada nas Relações Patrimoniais entre os Cônjuges. Coimbra Almedina 2000